すぐにわかる葬儀前の手続き、後の手続き

大泉書店

はじめに

大切な人が亡くなったとき、深い悲しみに暮れる暇もなく、
遺族にはしなければならないことが山のように押し寄せてきます。
通夜や葬儀など、亡くなった人をお見送りするための準備や手配、
葬儀が終わった後の書類の届出などについて、さまざまな手続きが必要となります。
しかし心に余裕がないとき、初めて耳にする言葉や見慣れない書類に、
何から手をつけていけばよいのか途方に暮れてしまうこともあるでしょう。
本書では、一般的な葬儀の流れを把握し、葬儀後の各種手続きから
法要・供養のしかた、相続手続きについて押さえておきたいポイントを明確にし、
チェックリストや書類の一覧を充実させて紹介しています。
また、近年の葬儀に対する人びとの考え方の変化などにも対応して提案しています。
本書が、大切な人を亡くしたあなたがすべき手続きのわずらわしさを軽減し、
心を軽くするのに、少しでも役に立つことができれば幸いです。

二村祐輔

すぐにわかる葬儀前の手続き、後の手続き

もくじ

第2章　通夜、葬儀と告別式

第3章　葬儀後の手続き

第4章　法要と埋葬、供養

第5章　遺産の相続手続き

第6章　生前に備えておく手続き

葬儀と各種手続きの流れ

時期	葬儀・法要
危篤時	危篤・臨終
死後すみやかに	遺体の搬送と安置
	葬儀の方針決定と手配
	菩《ぼ》提《だい》寺《じ》への依頼
通夜前日または当日	納棺

時期	各種届出・手続き
7日以内	死亡届・死体火葬許可申請
14日以内	世帯主変更・健康保険の手続き
10日/14日以内	年金受給停止・遺族年金の手続き
死後なるべく早く	公共料金などの名義変更・解約
	相続人の確定・相続分の配分決定

死後2日

通夜

死後2～3日

葬儀・告別式

出棺・火葬

葬儀後すみやかに

葬儀費用の精算・あいさつ回り

死後7日

初七日法要

※繰り上げ初七日法要の場合は葬儀後

死後49日

四十九日法要・納骨・精進《しょうじん》落とし

死後1年目以降

一周忌・三回忌などの年忌《ねんき》法要

死後3か月以内

遺言書の確認と検認

遺産目録の作成

相続の承認・放棄

死後4か月以内

準確定申告

死後10か月以内

遺産の分割協議

相続財産の名義変更・解約

相続税の申告・納付

侵害を知ってから1年以内

遺《い》留《りゅう》分《ぶん》の侵害請求

これで万全!

遺族が行う手続きリスト

遺族が何を準備すべきか迷わないための「亡くなった後の届出と手続き」と「遺産相続の手続き」を紹介しています。必要に応じて手続きを行い、チェックを入れましょう。

亡くなった後の届出と手続き

<table>
<tr><th>時期</th><th colspan="2">手続き</th><th>入手・
提出場所</th><th>チェック</th><th>本書
ページ</th></tr>
<tr><td rowspan="5">7日以内</td><td colspan="2">死亡診断書(死体検案書)を受け取る</td><td>病院</td><td>☑</td><td>24</td></tr>
<tr><td colspan="2">死亡届と死亡診断書、
死体火葬許可申請書を提出する</td><td>市区町村役場</td><td>☑</td><td>32</td></tr>
<tr><td colspan="2">⇒死体火葬許可証が発行される</td><td>市区町村役場</td><td>☑</td><td>32</td></tr>
<tr><td colspan="2">死体火葬許可証を提出する</td><td>火葬場</td><td>☑</td><td>78</td></tr>
<tr><td colspan="2">⇒埋葬許可証(火葬済み証明印)が交付される</td><td>火葬場</td><td>☑</td><td>78</td></tr>
<tr><td rowspan="4">14日以内</td><td colspan="2">世帯主変更届を提出する
※故人が世帯主だった場合</td><td>市区町村役場</td><td>☑</td><td>94</td></tr>
<tr><td colspan="2">国民健康保険資格喪失届を提出する</td><td>市区町村役場</td><td>☑</td><td>96</td></tr>
<tr><td colspan="2">年金受給権者死亡届を提出する
※厚生年金は10日以内</td><td>年金事務所または
市区町村役場</td><td>☑</td><td>98</td></tr>
<tr><td colspan="2">未支給年金請求書を提出する
※厚生年金は10日以内</td><td>年金事務所または
市区町村役場</td><td>☑</td><td>98</td></tr>
<tr><td rowspan="4">すみやかに</td><td rowspan="4">公共料金の名義変更・
解約をする</td><td>電気</td><td>電力会社</td><td>☑</td><td>112</td></tr>
<tr><td>上下水道</td><td>水道管理事務所</td><td>☑</td><td>112</td></tr>
<tr><td>ガス</td><td>ガス会社</td><td>☑</td><td>112</td></tr>
<tr><td>NHK受信料</td><td>NHK</td><td>☑</td><td>93</td></tr>
</table>

時期	手続き	入手・提出場所	チェック	本書ページ
すみやかに	住宅賃貸借契約の名義変更・解約をする	大家もしくは不動産管理会社	□	112
	保険契約の名義変更をする ※故人が契約者で、故人以外が被保険者の場合	各保険会社	□	110
	運転免許証を返納する	警察署(公安員会)	□	112
	そのほかの免許(調理師免許など)を返却する	各発行元	□	112
	クレジットカードを解約する	各発行元	□	112
	携帯電話・インターネット契約を解約する	携帯電話会社やプロバイダ会社	□	112
	印鑑登録証明書を廃止する ※死亡届が受理されると自動的に抹消される	市区町村役場	□	112
	住民基本台帳カードを返却する ※死亡届が受理されると自動的に廃止になる	市区町村役場	□	112
	老人優待パスなど公共機関の発行物を返却する	市区町村役場	□	93
	パスポートを返却する	各都道府県の旅券事務所(市区町村役場で対応しているところもある)	□	112
	民間の会員証(スポーツクラブなど)を返却・解約する	各発行元	□	112

←12ページに続く

時期	手続き	入手・提出場所	チェック	本書ページ
4か月以内	準確定申告を行う	税務署	☑	116
2年以内	葬祭費を申請する ※国民健康保険・後期高齢者医療の場合	市区町村役場	☑	106
	埋葬料を申請する ※健康保険の場合	健康保険組合 または年金事務所	☑	106
	葬祭料・葬祭給付を申請する ※労災保険が適用される場合	労働基準監督署	☑	106
	高額療養費の超過分払い戻しの申請をする ※診療を受けた翌月1日から2年以内	市区町村役場、 健康保険組合、 協会けんぽなど	☑	114
	国民年金死亡一時金を請求する	市区町村役場	☑	102
3年以内	生命保険の死亡保険金を請求する	各保険会社	☑	110
5年以内	遺族基礎年金/寡《か》婦《ふ》年金を請求する ※国民年金のみだった場合	市区町村役場	☑	102
	遺族厚生年金を請求する ※条件によって加算あり	年金事務所	☑	102
	簡易保険の死亡保険金を請求する	郵便局	☑	110
	労災保険の補償を請求する ※遺族補償給付など	労働基準監督署	☑	93

遺産相続の手続き

時期	手続き	取得・ 届出場所	チェック	本書 ページ
3か月 以内	相続人を確定する ※必要であれば戸籍謄本を取得	市区町村役場	☑	156
	相続分の配分を決定する	—	☑	158
	代理人を決定する ※必要な場合のみ	家庭裁判所など	☑	160
	遺言書の有無を確認する	保管先	☑	162
	遺言書の検認を受ける ※公正証書遺言と法務局に保管した 遺言書の場合は不要	家庭裁判所	☑	165
	相続財産をリストアップし、 遺産目録を作成する	—	☑	178
	遺産を相続するか放棄するか、 限定承認するか決定する	家庭裁判所	☑	168
4か月 以内	準確定申告をする	税務署	☑	116
10か月 以内	遺産の分割協議を行う	—	☑	174
	相続財産の名義変更と解約をする ※遺産分割後すみやかに	法務局などの各機関	☑	180
	相続税の申告と納付をする ※延納または物納の方法もある	税務署	☑	188
1年以内	遺《い》留《りゅう》分《ぶん》の侵害請求をする ※侵害を知ってから1年以内	家庭裁判所	☑	172

手続きに必要な主な書類リスト

葬儀後の各種手続きには、たくさんの書類が必要になります。複数の手続きで同じ書類が必要になることも多いので、役所などへ行く前に枚数を確認しておいたほうが安心です。

書類	内容	請求先・備考
住民票	現在住んでいる場所を証明するもの	住所地の市区町村役場
戸籍謄本 （戸籍全部事項証明書）	戸籍に記載されている全員の身分関係を証明するもの	本籍地の市区町村役場
戸籍抄本 （戸籍個人事項証明書）	戸籍原本から指定した人だけを写したもの	本籍地の市区町村役場
除籍謄本 （除籍全部事項証明書）	戸籍から除かれた人の全員が除籍簿として保管されているもの	本籍地の市区町村役場
除籍抄本 （除籍個人事項証明書）	除籍原本から指定した人だけを写したもの	本籍地の市区町村役場
印鑑登録証明書	登録印が実印であることを証明するもの	登録している市区町村役場
マイナンバーカード	個人番号を証明する書類や本人確認の際に使う公的な身分証明書	未取得者は通知カード （要事前確認）
年金手帳	公的年金の加入者に交付される、年金に関する情報が記載された手帳	—
健康保険証	健康保険の加入を証明するもの	—
預貯金通帳	金融機関の預貯金者であることを示す冊子。銀行名・支店名・口座番号・口座名義などが記載されているもの。	—

市区町村役場からの書類取得は、インターネットや郵送でも請求可能な場合も多いので、事前確認をおすすめします。

第1章

危篤から葬儀の案内

第1章 危篤から葬儀の案内

危篤から通夜前までの流れ

事前の準備がなかったとしても焦らず、危篤から通夜前までにすることを一連の流れで把握しましょう。

時期	内容	詳細
危篤時	危篤（→P18・19）	・親族や最期に看取ってほしい人に連絡をする。
臨終時	臨終（→P20〜22）	・遺体を清拭《せいしき》し、霊安室に一時安置する。 ・親族や友人、知人に訃報連絡をする。
死後すみやかに	退院（→P24・25）	・病室の片づけと会計手続きをする。 ・担当の医師から「死亡診断書」を受け取る。
	遺体の搬送（→P26・27）	・遺体を葬祭ホールか自宅に搬送する。
	遺体の安置（→P28〜31）	・枕飾りをして遺体を安置する。 ・末期《まつご》の水をとり、遺体に死化粧を施す。 ・（必要であれば）遺体のホテルでの安置や、遺体のエンバーミングを施す。

死後すみやかに（7日以内）

死後すみやかに

通夜前日または当日

死亡届の提出（↓P32～35）

葬儀の方針決定（↓P36～41／48～57）

通夜・葬儀の手配（↓P42・43／58・59／64～67）

菩提寺への依頼（↓P60～63）

通夜の準備（↓P70・71）

納棺（↓P68・69）

（↓P46へ）

- 役所に「死亡届（死亡診断書を含む）」と「死体火葬許可申請書」を提出し「死体火葬許可証」を受け取る。

※死後7日以内に提出すればよいが、葬儀後の火葬には「死体火葬許可証」が必須なので、死後すみやかにが望ましい。

- 葬儀の方針を決める（葬儀の種類）
- いくつかの葬儀社から見積もりをとり、最終決定する。

- 葬儀の案内（訃報連絡など）をする。
- 喪主と世話役、その他の係を決定する。
- 返礼品、会葬礼状、心付けを手配する。
- 喪服や小物を用意する。

- （菩提寺《ぼだいじ》があれば）菩提寺へ葬儀の相談・依頼をする。
- 戒名《かいみょう》を依頼する。

- 席次（着席の場所）を決める。

- 遺族の手で遺体を棺に納め、花や副葬品を入れる。

1 危篤の連絡をする

危篤時

病院から危篤の連絡を受けたら、親族や最期に看取ってほしい人などへ速やかに知らせることが必要です。

一番身近な親族・友人へ知らせる

現代では、家族は医師から余命について事前に説明を受けることが多く、ある程度の心づもりができていることも多いはずです。しかしいざ病院から危篤の連絡を受けた場合、平常心でいられないことも十分に想定されます。そのため**前もって危篤の連絡をすべき人をリストアップしておきましょう。**

危篤の連絡は、誰に病院に駆けつけてほしいかということを第一に考えます。できれば近親者だけではなく、関係の深かった友人などにも知らせます。ただし、遠くの親せきにはお知らせだけにとどめて、またあとから連絡をする旨を伝えましょう。一般的には本人から見て3親等(配偶者・子ども・孫・祖父母など)くらいが近親者といえます。

危篤を知らせる内容

危篤の連絡は急を要することなのでなるべく電話で行います。伝える相手にもよりますが、深夜や早朝の連絡になる可能性もあります。十分時間帯に配慮をして、ご容赦の旨をまず伝えます。そして伝えるおもな内容は次の4つです。

❶危篤者との続柄、容体と状況
❷病院に来てほしいのか、自宅などで待機しておいてほしいのか
❸病院名と住所・電話番号
❹自身の連絡先(携帯電話番号)

病院に来てほしいと伝えた場合、駆けつけてくれるかどうかは相手の判断ですので、確認は不要です。

危篤を連絡すべき範囲

疎遠にしている親族だとしても、連絡をしなかったことで感情のもつれを引き起こすことがあります。そのため3親等までの親族には必ず伝えることが基本です。

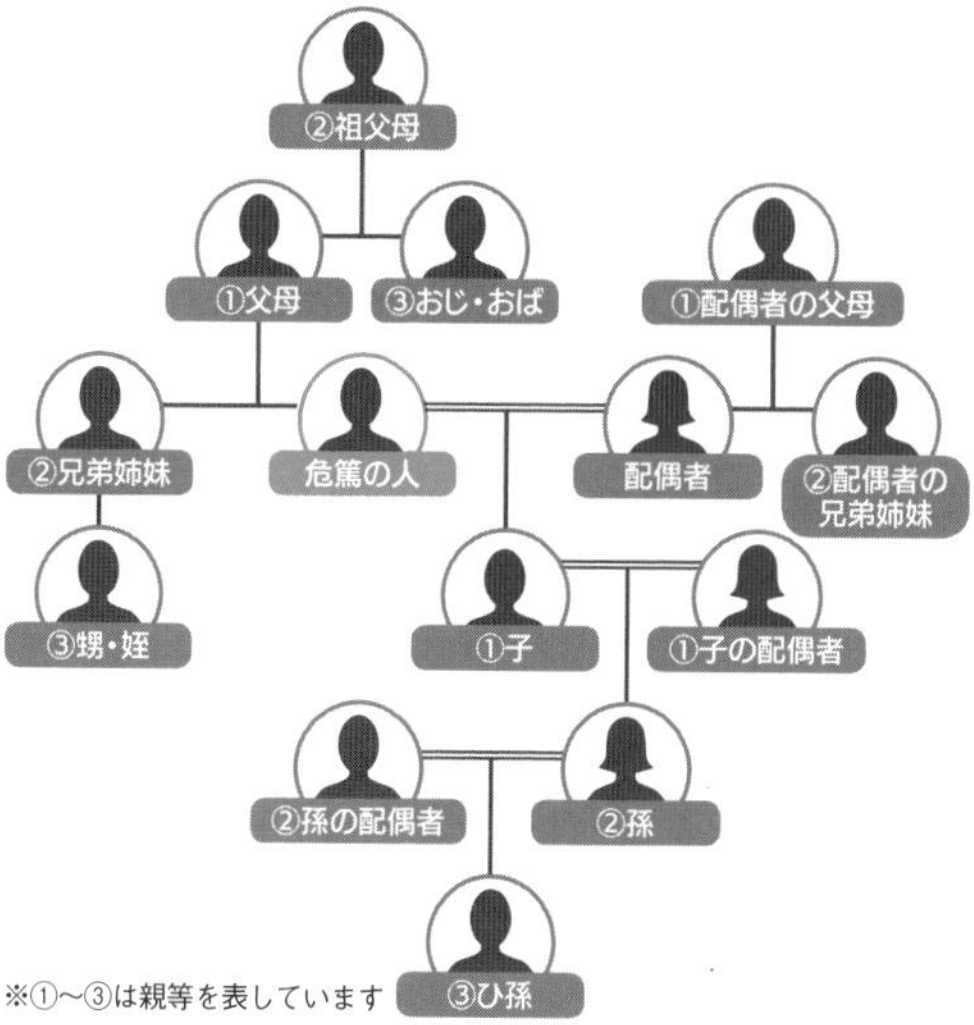

※①～③は親等を表しています

親族以外の例

- ・友人や知人
- ・仕事の関係者
- ・地域で付き合いのある人

Q A

自宅で危篤になった場合は？

まずかかりつけの病院・主治医に連絡します。そうした病院がない場合は、119番で救急車を呼び、蘇生を試みてもらいます。そのうえで死亡が確定したら死亡診断書を書いてもらいます。いずれにせよ、医師や救急隊員の指示に従うことが大切です。

危篤連絡の内容

❶危篤者との続柄、容体と状況　❷病院に来てほしいのか、待機しておいてほしいのか
❸病院名と住所・電話番号　❹自身の連絡先（携帯電話）

◎時間的に余裕があるケース

・○○の長男の○○です。医師からここ1週間が山場だろうと話がありました。
高齢なので急に容体が悪化することも考えられます。……❶
・ご都合のつくときにでも、一度病院に起こしくだされば、本人も喜ぶと思います。……❷
・○○病院の○○号室、住所は○○、電話番号は○○です。……❸
・私の電話番号は○○です。……❹

◎急を要するケース

・○○の長女の○○です。父が危篤状態になりました。
医師は今夜が山場だろうと言っています。……❶
・急いで来ていただいても、おそらく臨終には間に合わないと思いますので、
お葬式の際にお越しいただきたいと思います。
・お葬式に関しては改めてご連絡いたします。……❷
・急ぎのご連絡は、病院の呼び出し電話にお願いいたします。
・○○病院の○○号室、住所は○○、電話番号は○○です。……❸
・私の電話番号は○○です。……❹

2

臨終後にすること

死後すみやかに

臨終が医師から告げられると、一連の儀式を行って霊安室に安置されます。臨終時に用意しておくものもあります。

病院での対応

医師により臨終が告げられ、担当医から死因などの説明を受けます。確認しておきたいことがあれば、この場で聞いておきましょう。

その後は看護師さんに手伝ってもらいながら、**遺体を「清拭《せいしき》（アルコールで体を拭き清める）」し、新しい下着や寝装着への着替えなどを行います。**衣装に関しては、故人が愛用していたものでもいいですし、大きな病院であれば、肌着や浴衣などを購入できます。また髪を整えたり、女性の場合は軽くお化粧をすることもありますが、かつて病院で行っていた「末期《まつご》の水」（故人の唇を湿らせる）や「死化粧」を施すといった遺体のケアは、近年では搬出先の葬祭ホールや自宅で行うことが多くなっています。

霊安室に一時安置する

おおよその死後処置が済むと霊安室に運ばれます。霊安室のない病院もありますが、専用の安置病室などで対応しています。霊安室は、病院の地下や別棟など、わかりにくいところにあることが多いので、**もし立ち会いに来ていただくような方がいれば、あらかじめ霊安室の場所を伝えておきましょう。**

霊安室はあくまでも一時安置の場所です。近年、病室・霊安室をすみやかに空けたいという病院の意向から、家族は入院中の病室の片づけ、退院手続き、遺体搬送の準備など次々にやるべきことが出てきます。

臨終後のおもな流れ

臨終後は、故人とのお別れの時間がじゅうぶんに取れるケースは少なく、慌ただしい時間になります。落ちついて対応していきましょう。

Q A

事故や災害で亡くなった場合は？

元気だった人が突然亡くなったケースで、事故や災害、または変死の疑いがあるときは、警察に届け出る必要があります。場合によっては警察の事情聴取、そして監察医による検視後に犯罪性がないと判断されると「死体検案書」が発行されます。

❶臨終

臨終に立ち会う。

❷医師の死亡判定

医師の説明を聞き、死亡診断書（→P25）を受け取る手はずを整える。

❸遺体の清拭と着替え

故人とのお別れの時間となる大切な儀式。

❹遺体の一時安置（病院の霊安室）

焼香ができる簡易的な壇があるので、そこでお参りもできる。

❺遺体の搬送（→P26）

❻遺体の安置（葬祭ホールや自宅）（→P28）

❼遺体のケア（末期の水・清拭・死化粧）（→P28・30）

臨終時に用意しておくべきもの

◎多めの現金

最近はカード決済できる病院も増えてきましたが、やはり何かと現金は必要です。入院費の精算、遺体搬送費用、タクシー代そして死亡診断書の発行にもお金がかかりますので、多めの現金を用意しておきましょう。

◎清潔な衣装

臨終後に着替えさせるための衣装を用意しておきます。故人が生前に愛用していたものがあれば、きれいにして持参します。あとで死装束に着替えさせるなら、浴衣などの脱着がしやすいもののほうがいいかもしれません。和服の場合は、襟の打ち合わせを左右逆の「左前」に着せましょう。

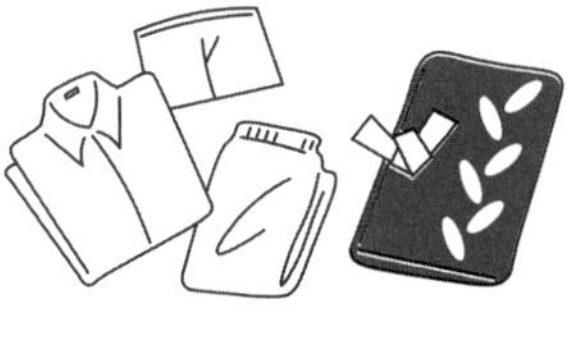

3

訃報を伝える

死後すみやかに

訃報の連絡を伝える人のなかで、優先すべきは危篤の連絡を行った親族や近しい知人です。

誰に訃報を伝えるか

臨終の連絡を親族や知人に電話などで行いますが、**その範囲は大きく3つに分けられます**。

❶親族（近親者）・親しい友人など…とにかく逝去の報をすぐに知らせなければならない人です。葬儀の日取りなどについては、決定次第、改めて連絡します。

❷遠い親せきや会社関係・近隣の方など…お葬式の日時・場所などが決まってから連絡をしてもかまわない方たちです。

❸菩《ぼ》提《だい》寺《じ》…遺体が一時安置された時点で連絡し、葬儀の日程を打ち合わせます。たとえお葬式を行わなくても、逝去の報告だけはしておきましょう。なおキリスト教徒の場合は、所属する教会に危篤のときと臨終を迎えたときに連絡します。

「危篤を連絡すべき範囲（→P19）」の中で、逝去をすぐに伝えるべき❶と、お葬式の日取りの決定後に伝える❷のリストに分類しておくと連絡がスムーズにできます

訃報を知らせないという選択

故人の生前の希望で「知らせなくてもよい」という指示があった場合や、喪主の判断で訃報を知らせないという選択も現代の風潮としてあります。特に身内のみで行う「家族葬（→P48）」や「直葬（→P52）」を予定している場合、葬儀の案内をしない相手であっても、逝去の一方だけは伝えておくべきケースもありますので、慎重に対応すべきでしょう。

訃報を伝えるときの内容

親族や故人の勤務先、学生時代の友人、趣味の仲間をはじめ、住所録や過去の年賀状などからリストを作っておくとスムーズです。訃報の連絡は、以下の5つのポイントを明確に伝えるようにしましょう。

❶亡くなった日時　❷亡くなった人の名前
❸死因（簡単な説明でかまわない）
❹葬儀の日取りが決定している場合は、日程と場所を伝える
　葬儀の日取りが決定していない場合は、改めて連絡する旨を伝える
❺自分の連絡先

◎親族への連絡

- 朝早くの電話で失礼いたします。今朝方 ……❶
- 父〇〇が ……❷
- 心不全で亡くなりました。……❸
- 葬儀の日程はまだ決まっておりませんので、
  決まり次第、改めてご連絡いたします。……❹
- 私の電話番号は〇〇です。……❺
- 遺体は〇〇にある葬儀社の葬祭ホールに安置します。面会なさりたいときは、
  電話でご連絡ください。

すぐに駆けつけてくれる方には、現在の遺体の安置場所（搬送前で病院の霊安室なのか、すでに葬祭ホールへ搬送後なのか）を伝えないと、入れ違いになる可能性があるので注意すること。

◎友人・知人・仕事の関係者への連絡

お世話になっております。〇〇の息子の〇〇と申します。
- 〇月〇日の早朝 ……❶
- 父〇〇が ……❷
- 心不全のため亡くなりました。……❸
- 生前は大変お世話になり、ありがとうございました。
  つきましては、通夜は明日夜〇時から高円寺の〇〇で、
  告別式は明後日〇時より同じ場所で行います。……❹

家族葬など近親者のみで葬儀を行う場合、家族葬なので会葬者向けの通夜・告別式を行わないこと、香典や供物も辞退することを伝える。

- ご連絡をいただける際には、私の携帯電話〇〇にお願いいたします。……❺

菩提寺

菩提寺とは先祖の遺骨を葬り、菩提を弔う寺院のことです。これに所属する家を「檀家」と呼び、菩提寺にお布施を渡して葬祭供養を依頼します。明治以前は檀家制度がありましたが、今は義務ではありません。

4 退院手続き

死後すみやかに

遺体を霊安室に安置したら、病室の片づけや会計などを行います。死亡診断書を受け取ることも忘れないようにしましょう。

病室の片づけと会計手続き

遺体を病院の霊安室などに移動・安置したら、担当の看護師などの指示にしたがい、病室の片づけを行います。故人の入院時の私物をまとめたら、窓口で入院費用を支払います（現金が一般的です）。早朝や深夜など業務時間外の場合、会計は後日ということもあります。**遺体を霊安室に安置できるのは3時間～半日ほど**で、早めに病院は出なければなりませんが、深夜などの場合は故人を霊安室に安置してもらったまま、いったん自宅に帰ることもあります。

死亡診断書を受け取る

退院手続きで忘れてはいけないのは、担当の医師から「死亡診断書（死体検案書）」を受け取ることです。これはA3の用紙で向かって右が死亡診断書、左側が「死亡届（→P34）」になっており、発行には病院によって異なりますが、1通5000円～1万円ほどがかかります。**診断書をよく見て、死亡事由や医師のサイン、捺印、また日付なども確認します**。もし記入漏れや誤字・脱字があったとしても、決して自分で訂正を入れてはいけません。この診断書は医学的・法律的な証明で、医師以外のものが手を加えると無効になるので注意しましょう。この届けと「死体火葬許可申請書（→P35）」を市区町村の役場に提出することで、「死体火葬許可証」が交付されます。

死亡診断書（死体検案書）

死亡診断書は、死亡保険金の請求や相続の手続きなどに必要になることがあるので、コピーを何通かとっておきましょう。一対になっているこの用紙の左側の「死亡届」に関しては「死亡届の書き方（→P34）」を参照してください。

医師が書くので、遺族は加筆・修正してはいけない。

死亡診断書（死体検案書）

死亡を診断した医師が日本語で記入することができるときは、下記の欄を使用しても差し支えありません。
この死亡診断書（死体検案書）は、我が国の死因統計作成の資料として用いられます。かい書で、できるだけ詳しく書いてください。

氏名	大泉太郎	1男 2女	生年月日	明治 (昭和) 令和 20年 6月 8日 大正 平成 （生まれてから30日以内に死亡したときは生まれた時刻も書いてください） 午前・午後 時 分
死亡したとき	令和 2年 9月 15日 (午前)・午後 5時 30分			

(12) (13) 死亡したところ及びその種別

死亡したところの種別	1病院 2診療所 3介護老人保健施設 4助産所 5老人ホーム 6自宅 7その他
死亡したところ	東京都江東区豊洲十二丁目2 ~~番地~~ 番 1号
（死亡したところの種別1～5）施設の名称	豊洲総合病院

(14) 死亡の原因

◆I欄、II欄ともに疾患の終末期の状態としての心不全、呼吸不全等は書かないでください
◆I欄では、最も死亡に影響を与えた傷病名を医学的因果関係の順番で書いてください
◆I欄の傷病名の記載は各欄一つにしてください
ただし、欄が不足する場合は(エ)欄に残りを医学的因果関係の順番で書いてください

			発病（発症）又は受傷から死亡までの期間
I	(ア)直接死因	脳出血	9時間
	(イ)(ア)の原因	動脈硬化症	4ヵ月
	(ウ)(イ)の原因		
	(エ)(ウ)の原因		
II	直接には死因に関係しないがI欄の傷病経過に影響を及ぼした傷病名等		

◆年、月、日等の単位で書いてください。ただし、1日未満の場合は、時、分等の単位で書いてください。（例：1年3か月、5時間20分）

手術	1無 2有	部位及び主要所見	手術年月日	平成 昭和 年 月 日
解剖	1無 2有	主要所見		

(15) 死因に種類

1病死及び自然死
外因死 不慮の外因死 2交通事故 3転倒・転落 4溺水 5煙、火災及び火焔による傷害 6窒息 7中毒 8その他
その他及び不詳の外因死（9自殺 10他殺 11その他及び不詳の外因）
12不詳の死

(16) 外因死の追加事項

◆伝聞又は推定情報の場合でも書いてください。

傷害が発生したとき	令和・平成 年 月 日 午前・午後 時 分	傷害が発生したところ	
傷害が発生したところの種別	1住居 2工場及び建築現場 3道路 4その他（ ）		
手段及び状況			

(17) 生後1年未満で病死した場合の追加事項

出生時体重 グラム	単胎・多胎の別 1単胎 2多胎（ 子中第 子）	妊娠週数 満 週
妊娠・分娩時における母体の病態又は異状 1無 2有 3不詳	母の生年月日 昭和 平成 年 月 日	前回までの妊娠の結果 出生児 人 死産児 人（妊娠満22週以後に限る）

(18) その他特に付言すべきことがら

(19) 上記のとおり診断（検案）する
診断（検案）年月日 令和 年 月 日
本診断書（検案書）発行年月日 令和 年 月 日
（病院、診療所若しくは介護老人保健施設等の名称及び所在地又は医師の住所）東京都江東区豊洲十二丁目2 番地 番 1号
（氏名） 医師 健康保 印

医師による自筆のサインと押印がされているかチェックする。

記入の注意

生年月日が不詳の場合は、推定年齢をカッコを付して書いてください。

夜の12時は「午前0時」、昼の12時は「午後0時」と書いてください。

「老人ホーム」は、養護老人ホーム、特別養護老人ホーム、軽費老人ホーム及び有料老人ホームをいいます。

傷病名等は、日本語で書いてください。
I欄では、各傷病について発病の型（例：急性）、病因（例：病原体名）、部位（例：胃噴門部がん）、性状（例：病理組織型）等もできるだけ書いてください。

妊娠中の死亡の場合は「妊娠満何週」、また、分娩中の死亡の場合は「妊娠満何週の分娩中」と書いてください。

産後42日未満の死亡の場合は「妊娠満何週産後満何日」と書いてください。

I欄及びII欄に関係した手術について、術式又はその診断名と関連のある所見等を書いてください。紹介状や伝聞等による情報についてもカッコを付して書いてください。

「2交通事故」は、事故発生からの期間にかかわらず、その事故による死亡が該当します。
「5煙、火災及び火焔による傷害」は、火災による一酸化炭素中毒、窒素等も含まれます。

「1住居」とは、住宅、庭等をいい、老人ホーム等の居住施設は含まれません。

傷害がどういう状況で起こったかを具体的に書いてください。

妊娠週数は、最終月経、基礎体温、超音波計測等により推定し、できるだけ正確に書いてください。
母子健康手帳等を参考に書いてください。

5

遺体を搬送する

死後すみやかに

寝台車による遺体搬送の手配は、戸惑いのなかで最初に直面する大きな手続きです。葬儀社の選定と合わせ、落ちついて対応しましょう。

搬送を委託する

遺体を霊安室に一時安置したら、遺体の搬送を手配する必要があります。あらかじめ葬儀社が決まっている場合は、葬儀社所有の寝台車で移送されます。または病院提携の葬儀社がある場合、そこに委託してもかまいません。ただし、注意すべきは**搬送の委託と葬儀施行の依頼とは別物であるという認識です**。ともすれば遺体搬送と自社ホールでの安置保管を前提として、なし崩し的に葬儀も請負いになってしまうこともあります。その葬儀社の良し悪しも見極めないで、流れのまま安易に決定しない冷静さも必要です(→P38)。

自宅への搬送について

遺体の搬送はおもに病院から葬祭ホールが一般的ですが、いったん自宅に搬送し、お葬式まで安置することもあります。**葬儀社が決まっていれば、病院→自宅→葬祭ホールという搬送を葬儀社が請け負ってくれる**ので、しっかりと打ち合わせしましょう。

また、マンションなどの集合住宅へ搬送するのであれば、あらかじめ管理人、自治会関係者などへ連絡をしておき、エレベーターの搬入方法なども確認しておきます。近隣の住民に対しては、事前にあいさつし、ご容赦を願っておくこともマナーです。人の出入りが多くなったり、線香の煙やにおいが廊下やロビーに立ち込めることもあるので、配慮が必要です。

遺体の搬送方法の決め方

遺体の搬送方法から安置、葬儀社への依頼までの流れです。搬送・安置・葬儀施行の3つはそれぞれ別個のものと考え、状況と希望に沿って組み合わせて依頼することも可能です。

◎お葬式を依頼する葬儀社が決定済み

はい → **◎搬送・お葬式を依頼・打ち合わせ**

いいえ ↓

❶搬送だけを希望
❷葬儀まですべてセットで依頼したい

❷ → 葬儀社を探す → **◎搬送・お葬式を依頼・打ち合わせ**

❶ ↓

❶自宅に安置するか、自宅ではないが安置する場所が決定済み
❷安置する場所が決まっていない

❷ → 安置設備を持ち、搬送と安置のみを行ってくれる葬儀社を探す → **◎安置する**

❶ ↓

病院提携の葬儀社に搬送だけを依頼する。もしくはインターネットなどを利用して搬送のみを行う葬儀社・専門会社を探す → **◎安置する**

◎安置する ↓

お葬式を依頼する葬儀社を探す ↓

◎搬送・お葬式を依頼・打ち合わせ

Q A

自宅へ遺体の搬送だけを頼みたいときは？

インターネットなどで寝台車の専門会社を探すことができます。料金は許認可(陸運局)された公定料金で、基本の距離数と追加距離、時間帯、人件費などによっても異なりますが、明確に算出されます。または病院と提携している葬儀社があれば、搬送だけを請け負ってくれるか確認しましょう。さらに、必ず見積もりを出してもらい、その料金を確認しておくことが必要です。一般的に病院から自宅への搬送のみで10万円を超えたら高額と言えるでしょう。

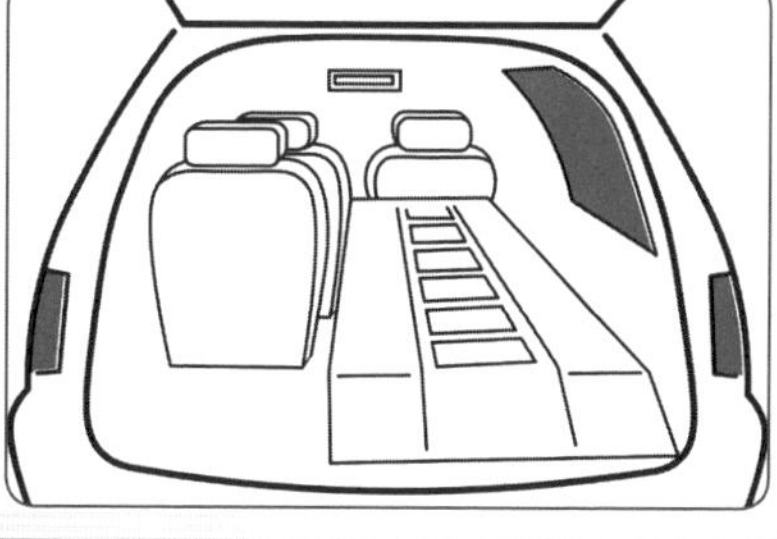

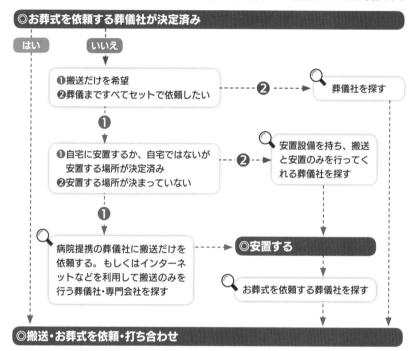

第1章　危篤から葬儀の案内

6

遺体を安置する

死後すみやかに

病院で亡くなった場合、遺体を自宅搬送して安置するのが一般的でしたが、最近は自宅以外での安置が増えています。

葬祭ホールでの安置

病院で亡くなった人を、葬儀を行う葬儀社の葬祭ホールへ搬送することが多くなった現在、遺体の安置も葬儀社に任せるようになりました。その他の安置場所として、公営の斎場（専用斎場、公民館、団地などの集会所を含む）や火葬場併設の霊安室などがあります。また最近では遺体専用ホテル（→Ｐ30）の利用も増えています。なお、葬祭ホールなどでの安置時でも、**遺族が面会を希望すれば保管施設から遺体を出して、読経のための法具などがそろった専用の部屋で対面することができます。**

自宅での安置と作法

自宅以外の場所での安置が主流になったとはいえ、故人が住み慣れた自宅でゆっくりしてほしいと、お葬式まで自宅で安置することもあります。この場合、遺体の枕元に枕飾り（左ページ参照）を施す必要がありますが、枕飾り一式を葬儀社に用意してもらえば問題ありません。

また、安置には作法があります。**遺体は北向き（地域によっては西向き）で寝かせて薄手の布団をかけ、その上に天地を逆にした着物をかけることもあります。布団の中では胸の上で手を組ませて数珠《じゅず》をかけます。**また枕刀などを布団の上に置く慣習もあります。遺体の安置後には、末期《まつご》の水（死に水）をとり、死化粧を施してあげましょう。

枕飾りと遺体の安置例

枕飾りとは遺体の枕元に置く祭壇のことで、弔問《ちょうもん》客が来たとき焼香をしてもらいます。仏式では僧侶に読経してもらう「枕勤め（枕経）」を行いますが、最近はこれを省略することが多くなっています。遺体の安置例とともに、作法を覚えておきましょう。

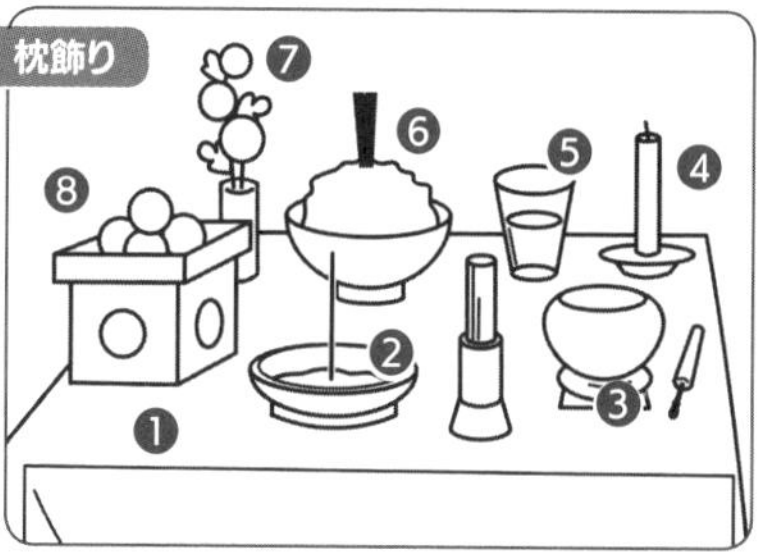

❶白木の台か白い布をかけた小机。
❷香炉に線香を立てる。不断香《ふだんこう》といい、納棺するまで絶やさない。
❸リンとリン棒、座布団。
❹燭台にろうそくを灯し、納棺するまで火を絶やさない。最近は電気式もある。
❺コップや湯飲みに水を入れる。
❻枕飯。茶わんにご飯を山盛りにする（宗派による）。
❼花立て。シキミや白菊などを1本。
❽枕だんご（宗派による）。

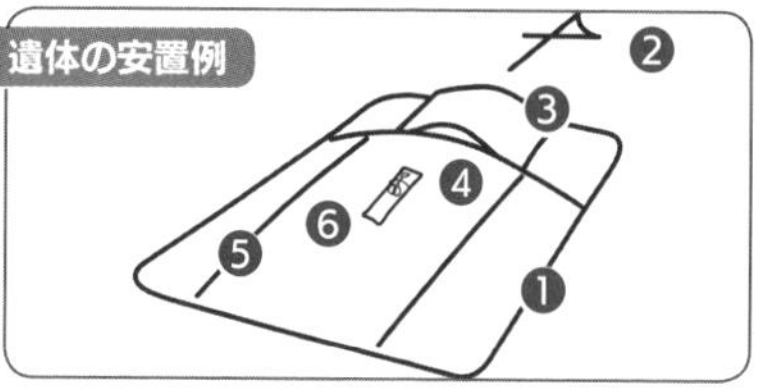

❶薄い布団に清潔な白いシーツをかける。
❷枕を北に向ける（地域によっては西向き）。
❸顔に白い布をかぶせる。
❹胸の上で手を組ませて数珠をかける。
❺ドライアイスを布団の中に入れる（葬儀社が用意してくれる）。
❻胸のあたりに守り刀を置く（宗派による）。

末期の水と死化粧

末期の水とは、臨終に際して遺体の口元を軽く湿らせ、あの世でのどが渇かないようにする風習です。以前は病院でも行われていましたが、現在は遺体の安置後にすることが多く、さらにはこの風習自体がなくなりつつあります。死化粧は故人の今生の最後にふさわしい姿にすることを目的とします。

故人の顔や髪を整える。男性はひげをそり、女性は口紅やほお紅などを使って薄化粧する。最近では「エンゼルメイク」とも呼ばれる。

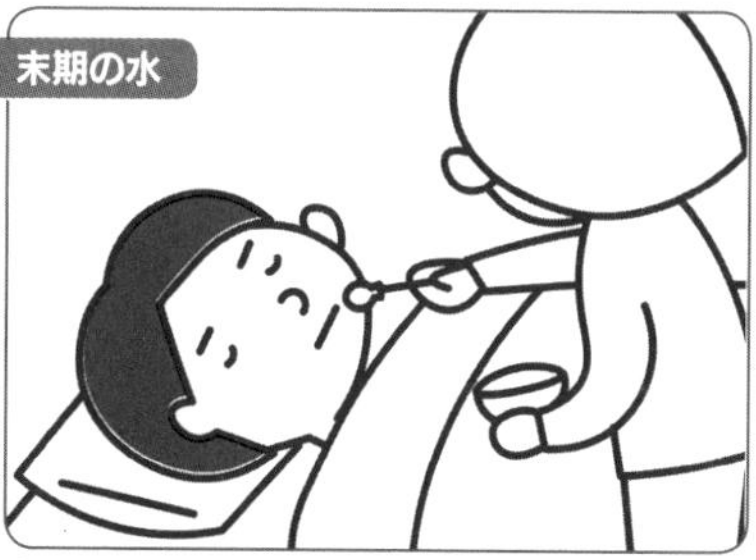

水を含ませた脱脂綿やガーゼで遺体の口元を湿らせる。血縁の濃い順に、居合わせた全員が行う。

7 遺体のホテルとエンバーミング

死後すみやかに

遺体のホテルとは、遺体の安置を目的とした葬儀施設です。またエンバーミングとは、遺体を長期間衛生保存する方法です。

遺体のホテルを利用する

最近の傾向として、**遺体を保管してもらえる施設にいったん預け、その間に葬儀社を検討したり時間的な余裕をもってお葬式に臨む人もいます。**このような施設を「遺体のホテル」や「遺体安置施設」と呼び、葬儀社が運営していることが多いのですが、必ずしもその葬儀社でお葬式を施行しなくてもよいことが特徴です。

こうしたホテルには保管だけでなく面会ができる専用の部屋もあることが多く、遠方や海外の近親者への連絡や集合に時間がかかりそうなときに有益です。利用料は施設や保管・保全状況によって異なりますが、1泊1万円～3万円程度と価格の幅も大きいので、事前に料金やサービス内容を比較検討しておきましょう。

遺体のエンバーミング

「エンバーミング」とは、**遺体に科学的・医学的な処置を施し、長期間にわたって衛生的に保存する方法です。**さらに化粧をして故人のお気に入りだった服などを着せることで、より美しく生前の面影に近づけることができます。こうした処置を施すことで、火葬のスケジュールを気にせず、故人とのお別れの時間をゆっくりとることができます。ただし遺体に手を加えることに拒否反応を示す人もいるので、エンバーミングを施す場合は、事前にしっかりと話し合っておきましょう。

遺体のホテル

遺体のホテルは基本的に遺体を預けるだけの施設ですが、面会用の部屋を設けていることもあります。面会設備の使用が有料だったり、面会時間に制限があることも多いので、事前に確認しておきましょう。

遺体を面会専用の部屋に移動し、故人とのお別れの時間が過ごせる。

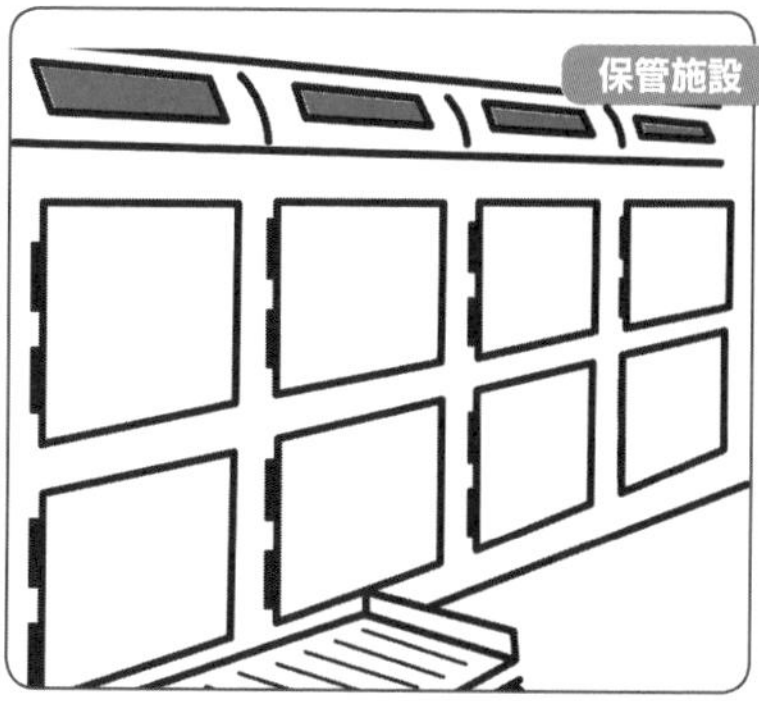

遺体のホテルには、遺体を冷蔵保存する設備が整っている。

遺体のエンバーミング

エンバーミングを施すと、防腐処理されているので安心して遺体に触れることができ、より美しく生前に近い状態でお葬式を行うことができます。

日本におけるエンバーミングの実施・普及を目的としてつくられた団体、日本遺体衛生保全協会（IFSA）のホームページ（http://www.embalming.jp/）が参考になる。

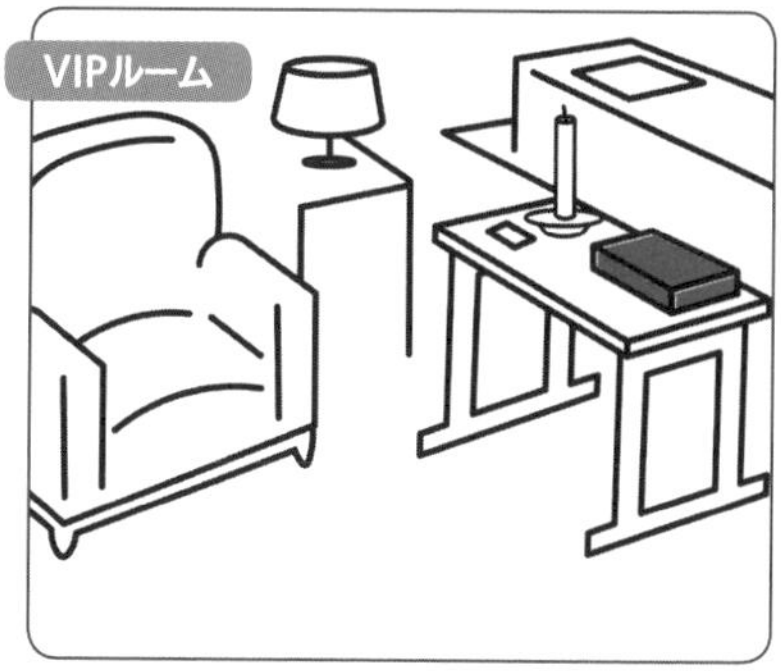

遺体の安置と保管、面会などがまとめてできる専用の部屋がある施設もある。

Q A

火葬場の順番待ちが不安な場合は？

亡くなる方が多い冬場など、火葬場の順番待ちが1週間以上もかかるような事態が大都市を中心に起こっています。そうした状況に不安を感じているならば、遺体のホテルを選択肢に入れることも有益でしょう。

8

死亡届を提出する

死後7日まで

死亡届はお葬式から納骨までを行うための公的な手続きになります。必ず葬儀前に提出しましょう。

死亡届は遺族が記入

「死亡診断書(→P25)」と「死亡届(→P34)」は一対の書式になっています。診断書は医師しか記入できませんが、死亡届は遺族が書きます。故人の正確な現住所や本籍、戸籍筆頭者なども改めて確かめておくため、時間のあるときに本人の「戸籍謄本(戸籍全部事項証明書)」を取り寄せておきましょう。

死亡届に必要事項を記入し、**死後(亡くなった事実を知ってから)7日以内に故人の本籍地もしくは死亡地、または届出人の住所地の市区町村役場に提出します**。死亡届の受領は24時間受け付けていますので、深夜でも夜間窓口で提出が可能です。

死体火葬許可申請書も提出

ここで忘れてはいけないのが、死亡届を提出すると同時に「死体火葬許可申請書(→P35)」にも記入して提出することです。これは提出先の役場で入手することができます。火葬場名の記入を求められることもあるので、名称を確認しておきましょう。こうして死亡届と死体火葬許可申請書を提出することで「死体火葬許可証」が発行されます。この**死体火葬許可証がないと火葬することができない**ので、厳重に保管もしくは葬儀社に預けておくとよいでしょう。その後の流れとしては、火葬後に現場責任者によってこの許可証に署名捺印がされ、それが「埋葬許可証」になって遺骨とともに返却されます。

死亡診断書の受け取りから埋葬許可証の発行・納骨まで

臨終後の「死亡診断書」受け取り、火葬後の「埋葬許可証」発行、そして納骨までの流れをまとめましたので、参考にしてください。

死後7日まで

❶医師に「死亡診断書」を書いてもらう

医師のみ記入が可能なので、遺族は絶対に追記・修正などしないよう注意。

❷火葬場を決める

「死体火葬許可申請書」には火葬場名の記入が必要なことが多いため、この時点で決定しておく必要がある。

❸「死亡届」と「死体火葬許可申請書」を提出する

死亡届(死亡診断書)は保険の手続きなどに必要になるため、提出前に数枚コピーをとっておくこと。

❹「死体火葬許可証」の発行

③を提出した市区町村役場から受け取り、厳重に保管しておくこと。

❺火葬をする

死体火葬許可証をもとに火葬が認められる。死後24時間経過しないと火葬できないことに注意。

❻「埋葬許可証」の発行

火葬場の責任者が④の死体火葬許可証に署名・捺印し、返却してくれたものが「埋葬許可証」になることが多い。

❼納骨

埋葬許可証をもとに、納骨が行われる。

死亡届の書き方

死亡届は亡くなった事実を知ってから7日以内に提出の義務があります。提出先は故人が死亡した地・本籍地などの市区町村役場、届出人は親族、同居者、家主・地主、後見人などが可能です。提出の際、料金はかかりませんが、印鑑を持参しましょう。

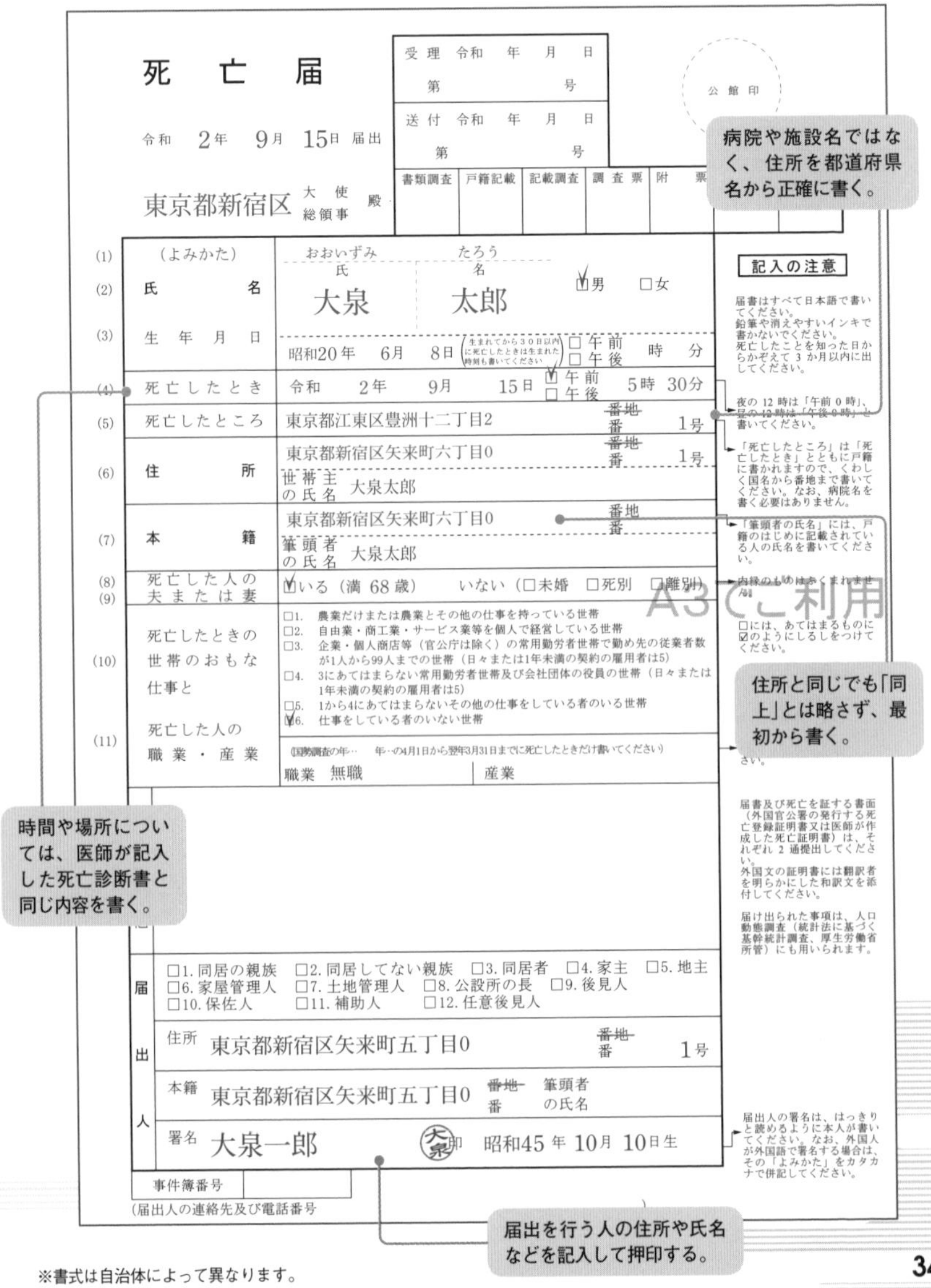
死亡届

令和 2年 9月 15日 届出

東京都新宿区 大使 総領事 殿

受理 令和 年 月 日 第 号

送付 令和 年 月 日 第 号

書類調査 戸籍記載 記載調査 調査票 附票

公館印

(1) （よみかた） おおいずみ たろう

(2) 氏名 氏 大泉 名 太郎 ☑男 □女

(3) 生年月日 昭和20年 6月 8日 （生まれてから30日以内に死亡したときは生まれた時刻も書いてください） □午前 □午後 時 分

(4) 死亡したとき 令和 2年 9月 15日 ☑午前 □午後 5時 30分

(5) 死亡したところ 東京都江東区豊洲十二丁目2 ~~番地~~ 番 1号

(6) 住所 東京都新宿区矢来町六丁目0 ~~番地~~ 番 1号
世帯主の氏名 大泉太郎

(7) 本籍 東京都新宿区矢来町六丁目0 番地 番
筆頭者の氏名 大泉太郎

(8)(9) 死亡した人の夫または妻 ☑いる（満 68 歳） いない（□未婚 □死別 □離別）

(10) 死亡したときの世帯のおもな仕事と
□1. 農業だけまたは農業とその他の仕事を持っている世帯
□2. 自由業・商工業・サービス業等を個人で経営している世帯
□3. 企業・個人商店等（官公庁は除く）の常用勤労者世帯で勤め先の従業者数が1人から99人までの世帯（日々または1年未満の契約の雇用者は5）
□4. 3にあてはまらない常用勤労者世帯及び会社団体の役員の世帯（日々または1年未満の契約の雇用者は5）
□5. 1から4にあてはまらないその他の仕事をしている者のいる世帯
☑6. 仕事をしている者のいない世帯

(11) 死亡した人の職業・産業 （国勢調査の年… 年…の4月1日から翌年3月31日までに死亡したときだけ書いてください）
職業 無職 産業

届出人
□1. 同居の親族 □2. 同居してない親族 □3. 同居者 □4. 家主 □5. 地主 □6. 家屋管理人 □7. 土地管理人 □8. 公設所の長 □9. 後見人 □10. 保佐人 □11. 補助人 □12. 任意後見人
住所 東京都新宿区矢来町五丁目0 ~~番地~~ 番 1号
本籍 東京都新宿区矢来町五丁目0 ~~番地~~ 番 筆頭者の氏名
署名 大泉一郎 印 昭和45年 10月 10日生

事件簿番号

（届出人の連絡先及び電話番号

記入の注意

届書はすべて日本語で書いてください。
鉛筆や消えやすいインキで書かないでください。
死亡したことを知った日からかぞえて 3 か月以内に出してください。

夜の 12 時は「午前 0 時」、昼の 12 時は「午後 0 時」と書いてください。

「死亡したところ」は「死亡したとき」とともに戸籍に書かれますので、くわしく国名から番地まで書いてください。なお、病院名を書く必要はありません。

「筆頭者の氏名」には、戸籍のはじめに記載されている人の氏名を書いてください。

□には、あてはまるものに☑のようにしるしをつけてください。

届書及び死亡を証する書面（外国官公署の発行する死亡登録証明書又は医師が作成した死亡証明書）は、それぞれ 2 通提出してください。
外国文の証明書には翻訳者を明らかにした和訳文を添付してください。

届け出られた事項は、人口動態調査（統計法に基づく基幹統計調査、厚生労働省所管）にも用いられます。

届出人の署名は、はっきりと読めるように本人が書いてください。なお、外国人が外国語で署名する場合は、その「よみかた」をカタカナで併記してください。

病院や施設名ではなく、住所を都道府県名から正確に書く。
住所と同じでも「同上」とは略さず、最初から書く。
時間や場所については、医師が記入した死亡診断書と同じ内容を書く。
届出を行う人の住所や氏名などを記入して押印する。
A3でご利用

※書式は自治体によって異なります。

死体火葬許可申請書の書き方

死体火葬許可申請書の様式は自治体によって異なります。右ページの死亡届と同時に提出すべきものなので、提出期限・提出地・提出人は死亡届と同じです。料金は自治体によって300円～400円かかる場合もあります。

(体)

照合	担任	係長	課長

死体埋火葬許可申請書

平成　　年　　月　　日

(あて先)　新宿区長

本籍　東京都新宿区矢来町六丁目0　番地

住所　東京都新宿区矢来町六丁目　0番　1号　番地

死亡者との続柄　妻　申請人　大泉花子　印（大泉）

明・大・(昭)　22年　3月　5日生

次のとおり申請します。

本籍	東京都新宿区矢来町六丁目0
住所	東京都新宿区矢来町六丁目0　0番　1号　番地
死亡者氏名	大泉太郎　明・(昭)・大・平　20年　9月　15日生
性別	(男)　女
死因	「一類感染症等」　(「その他」)
死亡の年月日時	令和2年　9月　15日　午(前)・後　5時　30分
死亡の場所	東京都江東区　豊洲十二丁目　2番　1号　番地
埋葬又は火葬の場所	中原斎場

届出人の印が必要。交付後にその場で記入する場合は、印鑑を忘れずに持参すること。

火葬場所や火葬する日時の記入が求められる場合もある。

※書式は自治体によって異なります。

9 葬儀の方針を決める

死後すみやかに

お葬式を行う際に、宗教の確認、形式と規模や予算、会場は最初に家族間で決めておきたいことがらです。

葬儀社との打ち合わせ前に

葬儀社と打ち合わせをする前に、家族間で合意しておかなければならないことがあります。葬儀の規模や宗教的な対応、また費用・予算などについて、故人の遺志を尊重しつつ話し合います。判断はすべて喪主に一任というケースも見られますが、後々のトラブルを避けるための十分な配慮が必要です。

故人の宗教を確認し、お葬式の形式と規模や予算などの条件をすべて検討したら、式場を選択します。**都市部では自宅や菩提寺《ぼだいじ》ではなく葬儀社が運営する葬祭ホールで葬儀を行うのが一般的です。**費用をおさえたい場合は団地の集会所や公民館などの公共施設を利用することもできます。日取りにも注意が必要で、時期や場所によっては式場が混んでいたり宗教者の都合がつかないというケースもあります。左ページの「葬儀の方針決定の流れ」を参考にして、一つひとつ確認してください。

近年の傾向

最近は伝統的な形式にとらわれない新しいスタイルの葬儀が浸透してきました。家族や親しい友人のみで小規模に行う「家族葬(↓P48)」、通夜や葬式などの儀礼を省略して火葬のみを行う「直葬(↓P52)」、故人の友人・知人に向けた「お別れ会(↓P54)」などがあり、生前の故人がそうしたものを希望していたならば、しっかりと検討していくべきでしょう。

葬儀の方針決定の流れ

❶喪主を決定する

葬儀を執り行う喪主は、故人に近しい配偶者や子、親が一般的(→P58)。

❷菩提寺を確認する

菩提寺が遠方にある場合は、近隣の寺を紹介してもらうこともできる。

❸宗教・宗派を決定する(菩提寺がない場合)

故人の宗教を確認し、形式にあった葬儀の準備をする。

❹予算を決定する

葬儀全体にかかる予算を遺族間で検討し、葬儀社に見積もりをとる。

❺葬儀の形式を決定する

故人に決まった宗教がなかったり故人の遺志があれば、新しいスタイルの葬儀を検討してもOK。

❻葬儀の規模を決定する

予算・形式を踏まえてその規模を葬儀社と打ち合わせる。

❼式場を決定する

最寄り駅やアクセスを確認する。

❽搬送先を決定する

式場なのか、いったん自宅への搬送なのかを決める。

Q A

告別式は必要でしょうか?

お葬式とは一般的に「葬儀」と「告別式」で構成されています。「葬儀」は遺体や魂にかかわる宗教的な対応儀礼で、制度上、納棺や火葬などは確実に施行しなければなりません。一方の「告別式」は、生前の故人の世間とのつながり、遺族の社会的な立場、また社会から故人に向けられた哀悼の対応式次であることから、その施行は必ずしも義務づけられているものではありません。最近は近親者のみの「葬儀」を執り行い、「告別式」はしないという風潮が見られます。

「葬儀」は「葬送儀礼」として、確実に行うべき社会制度。

「告別式」は社会的な対応式次で、その意義は故人と遺族の判断による。

10 葬儀社を決める

死後すみやかに

葬儀会社を選ぶときは、対応がていねいか、明朗な料金か、個人情報の管理ができているかなどで判断しましょう。

葬儀社を選ぶときのポイント

お葬式はその規模にかかわらず、葬儀社への委託が必ず必要になります。できれば事前の心づもりとして、近所で葬儀を経験した人や知人などから話を聞いたり、地元や評判の良い葬儀社に相談しておくと安心です。

しかし事前にそこまでの準備をしておくことに抵抗をおぼえる人もいるでしょう。ただ、身近な人を亡くし、気が動転しているときに冷静に業者を選ぶのは難しいことです。**慌てて選んだ葬儀社のサービスが内容と違ったり、後に高額な請求をされたりなどのトラブルを避けるため**にも、葬儀社の種類を知り、そのなかで自分に合った業者を選ぶときのチェックポイント（左ページ）を参考にして判断しましょう。

情報社会の落とし穴

現代は個人情報を悪用されたり、個人情報そのものがお金に代わる社会です。実は葬儀社とのやりとりのなかで、故人や遺族の住所・氏名・生年月日・本籍などが記載された書類もとにした話し合いや、社会的立場、宗教的スタンス、保険や遺産についてまで個人情報ほぼすべてを先方に知らせることになるのです。

そのため葬儀社を選ぶ際には、**「個人情報の守秘・管理」**などをしっ**かりと表章している事業所であるかどうかも大事な判断基準**となります。

おもな葬祭業者

◎互助会

正式には「冠《かん》婚《こん》葬《そう》祭《さい》互《ご》助《じょ》協《きょう》会《かい》」という。冠婚葬祭の費用を月々一定額、契約期間で分割、前払いして葬儀時に差し引きするシステム。ただし規定のセット以外の差額などは実費払い。解約にも注意。

◎葬儀専門業者

一般的にイメージする葬儀社で、大手から家族経営まで規模はさまざま。斎場の設備を備えている業者と、斎場がなく公営や民営の会場を利用して葬儀を行う業者もあるので確認が必要。

◎受注ブローカー

窓口だけで葬儀社の実体はない紹介斡旋業社。おもにインターネットで受注し、マージンを取って提携の葬儀社へ振り分ける。大手スーパーや家電量販店、百貨店などの名前に惑わされないように注意。

◎JA・生協

JA（農業協同組合）と生協（生活協同組合）は、大規模な会員組織を背景に葬儀事業を行っている。ただし別会社として請け負い、もしくは提携の業者へ単に委託するだけの場合もあるので確認が必要。

葬儀社選びのチェックポイント5項目

❶個人情報の管理

個人情報の管理が徹底されているかを確認する。たとえば日本葬祭情報管理協議会の「PIP（プライベート・インフォメーション・プロテクト）認証」などの表示が参考になる。

PIP認証

❷担当者の対応

電話口での受け答えや言葉遣いがていねいか、自社の葬儀プランに強引にあてはめずにこちらの希望を受け止めてくれるかを見る。

❸葬儀説明会

定期的に説明会や相談会、見学会などを開催し、つねに情報発信をしている業者かを確認する。可能であれば、実際に施設を見て詳細を確認しておく。

❹葬祭ディレクター

豊富な葬祭知識のある葬祭ディレクター（厚生労働省認定）や葬祭カウンセラーなどの資格を持つスタッフがいるかを確認する。

❺明確な見積書

事前に相談した内容を盛り込み、わかりやすい書式の見積書を渡してくれるか、別途料金などについての説明が明瞭かを確認する。

第1章　危篤から葬儀の案内

11

葬儀の費用を検討する

死後すみやかに

葬儀の予算は無理のない範囲で決めましょう。いくつかの葬儀社へ見積もりをとって比較検討することをおすすめします。

お葬式全体の費用

お葬式にかかる費用の内訳は**「葬儀一式費用」「飲食・接待費」「お布施」の大きく3つ**に分けられ、この総額を予算として考えておくことが重要です。ちなみに日本消費者協会の調査によると、費用の総額は平均で約196万円となっています(2017年調査)が、地域によってかなりの差があります。

たとえば仏式の葬儀では、祭壇、棺、霊柩車《れいきゅうしゃ》、火葬料、骨壺とお布施が最低限必要になってきます。そのほか、生花や遺影、寝台車、斎場の費用、会葬礼状、通夜振る舞い、会食費用などがかかってきます。ただし無宗教で行う場合、祭壇やお布施は不要ですし、告別式を行わないなら通夜振る舞いや返礼品、会葬礼状も必要ないので、葬儀費用は大きく変わります。

見積書の依頼と確認

葬儀社との打ち合わせのなかで、どのような葬儀にしたいか、式場や祭壇などについて具体的な希望と、会葬者のおおまかな人数を伝えて見積書を依頼します。見積書をもらったら、**通夜、葬儀・告別式、繰り上げ初七日法要、火葬とその後の精進《しょうじん》落としにかかわる費用(希望内容による)などがすべて見積もりに入っているか**、または不要なサービスが入っていないかを確認しましょう。さらに別途で請求となる費用があるか、どんなケースで追加請求が発生するかなどをチェックすることも大切です。

お葬式費用の内訳

支払いは現金払い、後日支払い、クレジットが利用できるものなどがあります。「領収書」は必ずとっておきます。慣例によっては「心付け」（不祝儀）などの配慮で領収書を頂けないものもありますが、誰にいつ、いくら包んだかなどの「支払いメモ」を残しておきましょう。

◎飲食・接待費

支払先は葬儀社もしくは料理店。通夜振る舞い、火葬場での軽食、葬儀後の精進落としなど、地域の慣例による。家族葬などの場合は、葬儀後に最寄りの飲食店で会食を行うこともある。

◎葬儀一式費用

支払先は葬儀社。祭壇や棺、霊柩車や火葬料金など葬儀・告別式にかかわる費用。返礼品、香典返しなどの外注品や、斎場ホール使用料、設備・人件費も含まれる。遺体の搬送・保管料も忘れずに。

◎お布施

支払先は僧侶。お経をあげていただくお礼（読経料）と戒《かい》名《みょう》の授与に対する寄進（戒名料）がかかる。このほかお車代や、おもてなしができないときには御膳料などを添えることがある（→P61）。

Q A

お布施の額がわからない

日ごろ仏教儀礼に触れることが少ない生活をしている人の場合、費用の面で悩むことが多いでしょう。そんなときは、仏教情報センター「仏教テレフォン相談」に電話相談してみるのもいいかもしれません。曜日ごとに宗派の異なる僧侶が無料で相談を受けてくれます（月曜日：曹洞宗、臨済宗。火曜日：浄土真宗。水曜日：日蓮宗。木曜日：浄土宗。金曜日：天台宗、真言宗）。電話03-3811-7470（土・日、祭日、年末年始、お彼岸、お盆などはお休み）

見積書の7つのチェックポイント

見積書は詳細に目を通し、不明な項目や金額があれば質問します。そうして変更が出た場合、葬儀社の担当者との口頭での約束にせず、必ず見積書を再度出してもらって文書で確認しましょう。

①こちらの希望に見合ったプラン（セット）になっているか。
②強引な勧誘や、逆に不自然な値引きがないか。
③プラン設定で「葬儀一式費用」などとせず、具体的な個々の単価を示しているか。
④プラン（セット）料金の中で不要なものがあれば、削ることは可能か。
⑤プランに含まれていない項目を詳しく説明してくれるか。
⑥見積書に記載されてはいないが、当日の状況によって追加される可能性のある項目と金額を教えてくれるか。
⑦会葬者、飲食費が指定した人数になっているか。

12 葬儀の案内をする

死後すみやかに

葬儀の連絡は近親者にはすぐに行い、故人の友人・知人、職場などには葬儀の日程決定後に連絡します。

会葬案内をする

お葬式の日時や場所が決定したら、危篤や臨終の一報を入れた方たちへも改めて訃報として連絡します。**現代では「訃報連絡」と、お葬式の案内である「会葬案内」を併記してお知らせすることが一般的になりました。**

お葬式まで日程的に余裕があればはがきで、時間がなければ電話やFAX、メールなどで連絡します。はがきの基本的な文面は葬儀社が用意してくれますが、電話の場合は日時や場所など、ポイントをおさえて簡潔に伝えるようにしましょう。

最近では、生前の故人が逝去の知らせを希望しないこともありますが、その場合は明確に範囲(「家族のみ」「家族と親族二親等まで」など)を決めて中途半端な連絡は避けましょう。また、お知らせした人から訃報が拡散することもありますので、念を押してお願いしておく必要があります。

事後通知について

家族葬などの近親者だけでの葬儀を営む場合、基本的に会葬案内は不要です。ただし、**葬儀後に世間的な対応として事後通知を発しておきましょう。**また後日、告別式に代わるお別れ会(→P54)をする場合、この事後通知連絡で案内します。日時や場所、手法(献花・立食会食)、服装などを簡潔にお知らせして、場合によっては出欠の有無の連絡をいただくお願いもします。

電話連絡と会葬案内状の例

❶故人の名前と続柄、逝去した日
❷通夜と葬儀の日時や場所など
❸香典、供物を辞退するときは、その旨を記載
❹年月日と喪主名など明記

◎電話連絡

突然のお電話で申し訳ございません。〇〇〇の娘の〇〇でございます。母の〇〇が〇月〇日に亡くなりました。生前は大変お世話になりました。…………❶
つきましては、通夜は〇月〇日午後六時より〇〇斎場にて、葬儀は翌日午前十一時より同じ場所で、仏式で執り行います。〇〇斎場の住所は〇〇、電話番号は〇〇です。喪主は私〇〇が務めます。…………❷
なお、誠に勝手ながら、故人の希望によりお香典、お供物はご辞退申し上げます。…………❸
ご連絡いただく際は、私の携帯電話〇〇までお願いいたします。…………❹

◎会葬案内状

故人〇〇〇〇　通夜・告別式の儀

❶
父〇〇はかねてから病気療養中でございましたが、
去る〇月〇日に永眠いたしました。
ここに生前のご厚誼を感謝し謹んで通知申し上げます。
通夜・告別式は仏式にて左記の通り執り行います。

記

❷
一、日時　通夜　〇月〇日　午後六時～七時
　　　　　告別式　〇月〇日　午前十一時～十二時
一、場所　〇〇斎場（住所　〇〇　電話番号〇〇）

❸
なお、故人の遺志により御香典やお供えにつきましては
固くご辞退申し上げます。

❹
令和〇年〇月〇日
喪主　〇〇〇〇
外　親せき一同

宗旨・宗派の制約がある場合「キリスト教式」「神葬祭」を相営みます、などと記載する。

事後通知の例

❶故人の名前と逝去した日
❷故人の希望により身内で葬儀を行ったことを報告
❸逝去の連絡が遅くなったことへのお詫び
❹香典を辞退する旨を記載
❺日付、差出人の住所・氏名

❶
謹啓　父〇〇はかねてから病気療養中でございましたが、去る〇月〇日に永眠いたしました。
ここに生前のご厚誼を感謝し謹んで通知申し上げます。

❷
〇日に近親者に見守られ荼毘に付し、その後〇日に菩提寺にて本葬式を相営みました。

❸
何分、遠方で交通不便もあり、急な訃報は留めさせていただきあえて事後のご報告とさせていただきました。
何卒、伏してご容赦を賜ればありがたく存じます。

❹
なお、故人の遺志により御香典やお供えにつきましては固くご辞退申し上げます。何卒ご容赦くださいますようお願い申し上げます。

敬白

❺
令和〇年〇月〇日
住所〇〇
電話〇〇
喪主　〇〇〇〇

COLUMN

新型コロナウイルス禍で変化する葬儀

2019年末から世界的に拡がった新型コロナウイルスは、葬儀のあり方までをも変えようとしています。近年は家族葬（→P48）の広まりなど、そもそも葬儀の規模は縮小傾向にありましたが、コロナの感染リスクを考えて遠方の親族を呼ばない、参列者を人数制限する、会葬者を通夜・告別式どちらかに振り分けるなど、その傾向に拍車がかかっています。しかし本来であれば、大切な人を亡くした家族の心を癒やし、一人でも多くの方とお別れの時間を共有する葬儀への参列を自粛せざるを得ないことは、親せきや友人にとってももどかしいことです。

葬儀社の対応も変化してきています。スタッフのマスクの着用と手指の消毒、施設の定期的な換気と除菌、会葬者への検温や健康観察などを実施するようになりました。また会葬者には、マスクの着用と控室の人数制限、式場では以前よりも間隔を空けた椅子に座ることをお願いしているところがほとんどです。大人数が会食する通夜振る舞いを取りやめることも多く、代わりとして料理のカタログギフト（→P65）をお渡ししたりしています。

また、今までは通夜・告別式に「参列する」「参列しない」という二つの選択肢しかなかった様式に「リモート（オンライン）で参列する」というという新たな選択肢が増えました。これは、家族や親せき知人などがスマートフォンやPCのビデオ通話機能を使って葬儀場とつなぐ方法です。通話アプリには、「Zoom《ズーム》」「Skype《スカイプ》」「LINE《ライン》」などのアプリが代表的です。このようなリモート葬儀には、遠方で移動が困難な高齢者や、介護施設などからでも自由に葬儀に参列できるというメリットがあり、今後はコロナの影響にかかわらずその需要が高まることが予想されます。

第2章

通夜、葬儀と告別式

通夜と葬儀、その後の法要までの流れ

喪主や遺族には対応すべき多くのことがらがあります。通夜や葬儀、法要の大まかな内容と流れを確認しましょう。

時期	内容	詳細
死後2日	通夜（↓P58・59／70～73）	・喪主と世話役が中心となって通夜に対応する。 ・通夜終了後、会葬者を通夜振る舞いでもてなす。 ・喪主のあいさつは、通夜の終了時と通夜振る舞い終了時の2回。
（通夜の翌日）	葬儀の準備（↓P74）	・弔辞や弔電の読み上げなどの決定。 ・出棺前のあいさつなどの推敲。
	葬儀・告別式（↓P74・75）	・僧侶の読経と焼香、喪主、遺族の焼香などによる葬儀を行う。 ・一般会葬者の焼香などによる告別式を行う。
	出棺（↓P76・77）	・喪主や遺族、親族、故人と親しかった人たちによるお別れの儀を行う。 ・喪主が出棺前のあいさつをする。 ・遺族などの手で持った棺を霊柩車《れいきゅうしゃ》へ運び込み、火葬場へ向かう。

死後2〜3日

火葬（→P78・79）

- 火葬場に「死体火葬許可証」を提出し、火葬後に「埋葬許可証」を受け取る。
- 納めの式を行った後、遺体を火葬する。
- 火葬の間、遺族と参列者は控室で小憩をとる。
- お骨上げ。2人一組で遺骨を拾い上げて骨壷に納める。

繰り上げ初七日法要（→P80・81）

- （通常は死後7日目だが、必要に応じて）葬儀・告別式の後に繰り上げて行う。

精進《しょうじん》落とし（→P80・81）

- （通常は四十九日法要の後だが、必要に応じて）繰り上げ初七日法要を行った後、会食の席を設ける。

葬儀後すみやかに

葬儀後の対応（→P80・81／88〜91）

- 自宅に後飾り壇を設置し、還骨《かんこつ》法要を行う。
- 葬儀費用の精算などの事務処理を行う。
- 菩提寺《ぼだいじ》ほか、葬儀でお世話になった人などにあいさつ回りを行う。

死後7日

初七日法要（→P80・81）

- 死後7日ごとに行う忌日《きじつ》法要の最初の法要を行う（最近は葬儀後に繰り上げて行うことが多い）。

死後49日

四十九日法要（→P124・125／142・143）

- 菩提寺や自宅で遺族や親族のほか、故人の友人などを招いて行う。
- 法要と同時に納骨も行うのが一般的。
- 法要後、精進落としで僧侶や参列者らをもてなす。
- 忌明《きあ》けとして香典返し（最近は葬儀当日の「即日返し」が多い）を送る。

死後1年目以降

その後の法要と供養（→P122・123／144〜147）

- 一周忌、三回忌、三十三回忌などの年忌《ねんき》法要を行う。
- 日常の供養は仏壇で行い、お彼岸やお盆にはお墓参りをする。

葬儀の種類❶ 家族葬

1

少人数で営む、家族・親族中心で故人を送る葬儀です。形式にとらわれず、ゆっくりと故人とのお別れができます。

多様化する葬儀形式

近年、葬儀の形式は多様化の傾向にあります。圧倒的に多いのは本書でも基本として紹介する伝統的仏式葬儀(本書では一般葬とします)ですが、**小規模で慣例にとらわれないお葬式を望む人たちも多くなってきました**。そこで近年増えてきた家族葬や「一日葬(→P50)」、「直葬(→P52)」など、新しい葬儀の形や、「お別れ会(→P54)」などについて紹介します。

小規模なお葬式である家族葬

家族葬とは、家族を中心に親族、そしてごく近しい知人・友人のみの参加者で執り行われる小規模なお葬式の総称です。家族葬は特に都市部で広がりを見せていますが、家族葬を望む人が多くなっている背景として、子どもに金銭的な負担をかけたくないという親世代の思いや、会葬者も高齢化しているため、大規模な葬儀をしても人数がなかなか集まらないなどの理由があげられます。

通常、**家族葬の規模は遺族や近親者のみで20名～30名を想定していることが多く、棺や祭壇を最小限にとどめれば30万円前後(お布施や飲食費用は別途)で対応できます**。ただし「安い＝粗末」なお葬式にしないように、一般葬から省きたい項目は何か、そして宗教葬か無宗教葬かなどを具体的に葬儀社に伝えましょう。一般的な費用の総体は70～80万円位の支出と考えておくとよいでしょう。

家族葬の流れの例

1日目

❶納棺
❷通夜
❸お清め
❹夜とぎ（宿泊）

2日目

❶葬儀・告別式
❷出棺
❸火葬
❹繰り上げ初七日法要
❺精進《しょうじん》落とし
❻散会

夜とぎ

通夜のとき、故人のそばで親族が線香やろうそくの火を絶やさないようにして夜通し過ごすこと。

宿泊施設を備えた葬祭ホールであれば、夜とぎを行えるので故人とのお別れの時間をとれる。

家族葬のメリットとデメリット

家族葬にはメリットとデメリットがあります。しっかりと認識し、特にデメリットへの事前対応と事後の対処法を考えておきましょう。

◎メリット

❶小規模のため、葬儀費用が比較的抑えられる。
❷親しい人、少人数で故人とのお別れがゆっくりとできる。
❸遺族の意思で葬儀内容のアレンジが自由にできる。
❹受付、香典の授受、返礼などを省くことで遺族の心理的負担が減る。

◎デメリット

❶家族葬を快く思わない親せきがいる場合がある。
❷弔問《ちょうもん》できずに残念に思う友人がいる。
❸香典が受け取ってもらえずに不満に思う人がいる。
❹あとから訃報を聞いた人が、絶えず自宅へ弔問に来る。

Q A

家族葬プランだからといって安いわけではない？

葬儀社によっては「家族葬プラン」と謳いながら、各種ランクを設けたりオプションを追加したりして、特に一般葬と変わりのない進め方をするケースがあります。そのため「家族葬」というニュアンスだけで安易に方針を決めないように注意してください。

父は集まりが苦手でしたので……
それは是非ご家族のみで……

後々のしこりを残さないためにも、親せきなどにしっかりと事前の説明をしておく。

葬儀の種類②
一日葬（シンプル葬）

あえて施行の日時連絡を「一日のみ」に指定して行われるお葬式で、シンプル葬とも言われます。

一日葬とは

一日葬は、施行の日時連絡を一日のみに指定して行われるお葬式で、**従来のように前日の「通夜」と翌日の「葬儀・告別式」で二日間かけて執り行わない進行手法**のことです。現代の会葬の傾向では、都市部はもちろん地方においても圧倒的に通夜に弔問《ちょうもん》に来る会葬者がほとんどで、本来のお葬式である翌日の葬儀・告別式には会葬者がまばらというケースが多く見られます。

それならばどちらか一日に会葬者をまとめたほうが合理的ということから生まれました。

一日葬の新しい提案

一般的な一日葬では、日中に行う葬儀・告別式で弔問・会葬を受けます。しかし一日葬とはいえ、その前日の夜は、弔問客を受けずに家族だけで通夜を営んでいることがほとんどです。

このような昨今の事情から**夜にお葬式を行い、これを通夜と兼用する人も増えてきました**。夜の方が逆に時間に迫られることのない弔問・会葬を受けることができて、十分にその対応が果たせるという考えからです。そしてその翌日、近親者のみで出棺・火葬を行い、精《しょう》進《じん》落としなどの会食をするという流れです。一日葬の需要が増えるにしたがい、専用の安置所で告別式をして火葬を行うプランを備える葬儀社も登場してきたので、事前にしっかりと調べることをおすすめします。

一日葬のメリット・デメリット

◎メリット

❶一日で終わるので、遠方からの遺族の移動負担が軽い。
❷一般的なお葬式よりも葬儀費用が削減できる。
❸菩提寺《ぼだいじ》がない人や、無宗教の人に合った葬儀ができる。

◎デメリット

❶親族以外の会葬者を招きづらい。
❷親せきから故人を軽視していると不満に思われる可能性がある。
❸菩提寺がある場合、葬儀を断られることがある。

通夜と葬儀を兼用する一日葬の流れ(夜)

夜にお葬式を営む一日葬の手法です。弔問・会葬客にその旨をしっかりと事前に伝えることが大切です。

❶納棺

❷通夜兼葬儀・告別式

主要な宗教的対応は、このときに果たす。

❸通夜振る舞い

弔問・会葬客をもてなし、翌日は近親者のみで執り行うことを再度お伝えする。

翌日

❹出棺(近親者のみ)

僧侶の立ち合いは簡易的で、読経は出棺・炉前・繰り上げ初七日法要のみ。

❺火葬(近親者のみ)

❻会食(近親者のみ)

一般的な一日葬の流れ(日中)

一般的な一日葬の流れです。日中に弔問・会葬客を受けて葬儀・告別式を営みます。

❶通夜(近親者のみ)

一日葬とはいえ、近親者のみで通夜を営むことがほとんど。

翌日

❷納棺

❸葬儀・告別式

宗教・宗派に沿った儀礼をこのときに果たす。

❹繰り上げ初七日法要

地域によっては火葬後に行う場合もある。

❺出棺

❻火葬

葬儀の種類③

直葬（火葬式）

3

お葬式の規模を最小限にしたもので、日本の法律上、必ずしなければいけない火葬のみを行う方法です。

直葬の広がり

直葬は、**お葬式にまつわる一切の宗教的対応を省き、火葬のみを行う方法です**。遺体に対する処置として、棺に納め（納棺し）て霊柩《れいきゅう》車《しゃ》で搬送（出棺）し、荼毘《だび》に付す（火葬）という流れですが、火葬は日本の社会制度として確実に果たすべき対応です。これまでの直葬を執り行うケースの多くは、経済的な理由や単身世帯の問題など、簡易的、福祉的な葬法として行われてきました。しかし二〇一九年末から世界的に拡がった新型ウイルスなどの感染症対策の観点から、お葬式の規模が縮小される傾向にあり、やむなく直葬を営むケースが増えています。

故人の遺志と世間的対応

直葬は「残された家族に迷惑をかけたくない」という故人の生前からの希望や「死に顔を他人に見せたくない」という高齢女性などの願いから営まれることもあります。しかし現実には、故人の遺志とは裏腹に、遺族の多くが後になってその対応（世間的対応を含む）に不安を抱いたり、悔やまれるケースもあるので十分な配慮が必要です。そのため**直葬後、日を改めて「お別れ会（↓P54）」などを開くこともあります**。また葬儀費用は年々安くなっているとはいえ、一般葬で約80万、家族葬で約30万円かかります（お布施や飲食費用は別途）が、直葬なら20万円前後で営むことができます。

直葬の流れの例

直葬は基本的に宗教的な対応は一切なく、遺体に対する処置がおもな対応になります。遺族など立ち会う人も限られています。

❶納棺

病院で逝去した場合、病院内で納棺を行う。

病院では納棺せず、安置場所から出棺直前に納棺するケースもある。

❷出棺

遺体を搬送して安置する。安置場所は、葬儀社か火葬場などの保管室か自宅になる。

❸火葬

遺族が火葬場に集まり、火葬後に拾骨する。

炉前で僧侶に読経してもらうときなどは、お布施が必要になる。

❹納骨

葬祭扶助について

「葬祭扶助」制度は、生活保護を受けているなど経済的に困窮している人に対し、生活保護法の第18条により葬儀の費用を自治体が支給するものです。故人が生活保護の受給者であり、下記のケースにあてはまる場合、葬儀前に市町村の役所あるいは福祉事務所に申請すれば、大人で約20万円支給されます（自治体によって異なる）。

- **同居の親族など、葬儀を行う人がいない。**
- **故人の財産でお葬式を行うことができない。**
- **喪主が生活保護の受給者など。**

ただし葬祭扶助の対象となるのは、遺体の搬送や火葬、納骨のために必要となる費用の範囲に限られ、菩提寺《ぼだいじ》や僧侶へのお布施などに関しては自己負担となるので注意が必要です。

4

葬儀の種類④
お別れ会

葬儀後2週間〜四十九日までが目安

近親者のみで葬儀を営み、後日世間的な対応として「お別れ会」や「故人をしのぶ会」を催すケースもあります。

新しい告別式の形

近親者のみで「葬儀」を営み、後日に「お別れ会」を開くケースが増えています。今までこうしたお別れ会にあたるものは、会社主催で行う「社葬」などにおける告別式を、大寺院や大きな斎場ではなくホテルで執り行うケースがほとんどでした。しかし最近は一般にも浸透し、その要望の広まりとともに、**「故人らしさ」のある手法として注目されています。**

会費制が一般的

お別れ会は、葬儀後に社会的対応としての告別式を行うもので、訃報連絡（→P22）の際に決定している場合と、後日に事後通知（→左ページ参照）として案内する場合があります。いずれにせよ、**葬儀後2週間から四十九日までを目安に開くとよいでしょう**。会場はホテルのバンケット（宴会場）やレストランなどの個室や貸し切り対応など、人数によってさまざまです。費用については、人数分の飲食代と、必要なら祭壇・献花の費用、受付などの人件費がかかります。ホテルなどでは室料も加算されますが、バイキング方式のプランを選べば予算も立てやすいでしょう。その場合、**参加者からは香典を受けずに会費制にすることをおすすめします**。またいわゆる会葬返礼品や香典返しは不要ですが、通常はお礼状とともに「お印の品」として菓子類、その他記念になるものなどを差し上げることが多いようです。

お別れ会の案内状の例

案内状ははがきの他、 メールやFAXでもかまいません。 故人との思い出などをスピーチしてほしいときは、 その旨を記載しておくとよいでしょう。

❶故人の氏名、亡くなった日時、享年
❷近親者のみで葬儀を終えたこと
❸お別れ会の日時、場所、住所
❹会費、香典の辞退
❺出欠のご返答のお願い
❻喪主の連絡先

お別れ会のご案内

父○○はかねてから病気療養中でございましたが、 去る○月○日に永眠いたしました。享年○歳でした。 ❶

故人の希望により、近親者のみで葬儀を執り行いましたが、生前親しくしていただいた皆様には「お別れ会」にご参加いただきたく、謹んでご案内申し上げます。 ❷

ご多用中とは存じますが、ご出席たまわりますよう、お願い申し上げます。

記

日時：令和○年○月○日（土曜日）
午後2時30分より受付、午後3時開宴
会場：○○ホテル（新宿区矢来町○―○）
電話（03-○○-○○） ❸

会費：五千円（会費制のため、お香典はご辞退申し上げます） ❹

参加・欠席を明記のうえ、○月○日必着でご返信願います。 ❺
尚、当日は平服でご参席賜りますようお願いいたします。

令和○年○月○日
住所　○○
電話　○○
喪主　○○○○ ❻

お別れ会の流れの例

遺族や参列者が悲しいのは確かですが、湿っぽくならないように音楽をかけたり故人の略歴などを紹介したりし、なるべく和やかに進行させることを心がけましょう。

年代を追って写真を飾ると、生前の故人の略歴がよくわかる。

思い出の品物を飾ると、出席者同士の会話も広がる。

❶参列者の入場

受付で花を受け取り、祭壇の遺影に献花してから着席する。

❷幹事代表のあいさつ

遺族主催なら喪主が、知人・友人主催なら発起人がするのが一般的。

❸友人代表の弔辞

❹献杯

❺会食

音楽などの演出は自由。故人との思い出の逸話などを紹介しながら進める。

❻遺族代表による謝辞

❼閉会

5

葬儀の種類⑤ 音楽葬と生前葬

近年は告別式を音楽で演出する「音楽葬」や、本人が生きている間に「生前葬」を行うケースも増えています。

「故人らしさ」のある演出

本書ではお葬式を「葬儀」と「告別式」に区別して考えます（→P37）。葬儀とは違い、告別式は社会的・世間的な対応なので、遺体や霊魂、宗教などとは無関係なセレモニーです。そのため近年では「故人らしさ」がうかがえる演出で告別式を開くことが増えてきました。和やかに明るく見送ってほしいと、お葬式に対する考えが変化してきているのかもしれません。

音楽葬と生前葬

「音楽葬」は、故人の個性を際立たせた告別式の代表とも言えます。音楽のジャンルを問わず、故人が好きだった音楽を捧げることが多く、**無宗教での葬儀や告別式が可能な場合は、読経の代わりに音楽を使うこともあります**。また弦楽四重奏、バイオリンやフルートなどのソロ演奏などもよく行われますし、参列者全員で合唱する演出もあります。

もう一方の**「生前葬」**とは、**本人が存命中に本人の意思で開催するものです**。生前葬という名前ですが、葬儀ではなく告別式の前倒しのようなものと考えてください。進行や演出方法、そして費用の捻出が本人の思い通りにできるので、本人も後に残されることになる家族も気持ち的に一区切りできる安心感があります。お世話になっている人たちに感謝の言葉を自ら伝えることができる「生前感謝の会」とも言えるでしょう。

音楽葬の演出例

音楽葬の演出方法はさまざまです。故人が好きだった曲を集めてBGMとして流したり、友人の中に楽器を演奏できる人がいれば依頼するのも方法です。ただし生演奏の場合は準備に時間がかかったり、会場によっては規制があるので、専門の業者に依頼するとよいでしょう。

故人が好きだった曲をピアノなどで生演奏する。

有志の友人が集まってハーモニカの演奏で送る。

住職の読経後、弦楽器の演奏で告別式を行う。

生前葬の流れの例

❶開会のあいさつ

本人も着席して、司会者が進行する。

❷お礼のことば

本人が生前葬をするに至った経緯や感謝の気持ちを述べる。

❸乾杯

❹会食・歓談

❺友人あいさつ

事前に何人かの友人に、本人との思い出などのエピソードを依頼しておく。

❻記念撮影

本人を真ん中に記念撮影する。その写真を使ってお礼状を送るのも可。

❼閉会のあいさつ

Q A

生前葬をしても、本来の告別式は開くべき？

生前葬を行った場合、実際のお葬式は葬儀のみを近親者で営み、告別式は行わないのが一般的です。ただし本人が逝去したとき、遺族からの訃報の連絡は必ずお伝えするようにしましょう。

6 喪主と世話役の役割

死後すみやかに

喪主はお葬式全体の主宰者で遺族の代表者です。世話役とはお葬式を進行する実務を担当する者です。

喪主の役割

喪主は遺族の代表者で、お葬式の規模や日時、手法、費用など全般について最終的な判断をする人物です。式当日には僧侶への対応をし、故人にかわって弔問《ちょうもん》を受けます。また、各種の対外的なあいさつ(→左ページ参照)をする大事な役割があります。一般的には**法律上の相続人が務めることが多く、夫婦のどちらかが亡くなったとき、その配偶者が喪主になります。**ただし配偶者が高齢だったり病弱だったりする場合、その子どもが務めます。

また喪主には、式後にも役割があります。法的には「祭祀《さいし》主宰者」という故人の供養を承継すべき立場として、一般的には三十三回忌(弔《とむら》い上げ)の法要(→P122)まで見届ける責任があります。

世話役の役割

お葬式当日、喪主自らが忙しく動き回ることはなるべく避けたいものです。そのためお葬式全体の実務進行に関しては世話役と呼ばれる人がこれを取り仕切ります。必要な世話役と人数(→左ページ参照)は葬儀の規模にもよりますし、**最近は葬儀社のスタッフに任せることも多い**のですが、たとえば世話役代表(喪主・葬儀社と打ち合わせをして世話役をまとめる)や受付係(会葬者への対応や記帳の案内)、会計係(香典の管理)などに関しては、信頼できる親族に依頼すると安心でしょう。

喪主のあいさつ

通夜から精《しょう》進《じん》落としまで、喪主があいさつをする機会は一般的に4回です。どんな内容をどの機会に、何分くらい話すべきなのか、葬儀社にアドバイスを受けながら考えておきましょう。

❶通夜

通夜の最後に、会葬のお礼と通夜振る舞いへの案内をする。

❷通夜振る舞い

最後に散会のあいさつと、今後の葬儀・告別式の案内をする。

❸出棺

最後のお別れの出棺に際して、故人への生前の厚情に対するお礼をする。

❹精進落とし

葬儀・告別式が滞りなく終えられたことへのお礼をする。

おもな世話役と仕事の内容

◎世話役代表（1名）

喪主と一緒に葬儀社と打ち合わせをし、各係に指示を出すなどまとめる代表役。なるべくなら経験豊かな年長者で、遺族の事情を知っている兄弟姉妹、親族が適任。

◎会計係（2人以上）

香典の管理、出納帳の記帳など葬儀にかかわる経理全般を担当する係。受付係と兼任することも多いが、金銭を取り扱うので、特に信頼できる親族に依頼する。

◎接待係（数名）

茶菓、通夜振る舞いの準備などをする係。飲食に関する用意は現代では葬儀社などへ任せることが多いが、弔問客・会葬者や僧侶へのもてなしは必要。

◎受付係（2人以上）

弔問客、会葬者の受付や対応、芳名帳の管理などをする係。葬儀の規模によって、受付が混乱しないように2人以上が適任。親族に依頼することが多いが、葬儀社スタッフの場合も。

◎返礼品係（1〜2名）

参列者に会葬礼状や返礼品を渡す係。即日返しをする場合は、香典返しなどの品物を渡す。親族に依頼することが多いが、葬儀社スタッフに手伝ってもらう場合も。

◎会場整理係・道案内係（数名）

駅や駐車場から会場までの道案内のほか、会場内で参列者を席まで促し、人の流れを整理する係。基本的に葬儀社スタッフがすべて担当してくれることが多い。

7 菩提寺へ依頼する

死後すみやかに

お葬式についての菩提寺との打ち合わせは、葬儀社に任せずに喪主自身が行うことが基本です。

菩提寺《ぼだいじ》がある場合

菩提寺とは先祖代々の菩提を弔《とむら》うお寺のことで、菩提寺に所属する家を檀家と呼びます。**境内にお墓があってお葬式や法事などの供養をその寺にお願いしているなら、そこが菩提寺ということです。**また毎年の護寺会費（檀家としての会費や墓の管理費など）を支払っている場合も、そこが菩提寺の証《あかし》です。

お葬式の日程が決まったら、通夜、葬儀・告別式の時間を伝えて葬儀の依頼と相談をします。僧侶の人数や送迎が必要か不要かなどの相談、また会食への同席の有無などについて確認しましょう。

菩提寺がない場合

これまでお寺とのおつきあいがない場合もあります。同時に納骨する場所が霊園などお寺とは無関係なお墓であれば、特に菩提寺を定めることなく、無宗教での葬儀を営むことも可能です。ただし一般的な慣例で、僧侶の読経などがないと葬儀としての収まりがつかないと感じる人も多いことから、お葬式の読経だけをお願いすることもできます。これは葬儀社などに相談すれば、お布施の金額などを含めて対応してくれます。このとき重要なことは、**「読経のみ」を依頼することです。**いわゆる「戒名《かいみょう》授与（→P62）」までを依頼すると、檀家・菩提寺の関係を結んだことになるケースがありますので、「俗《ぞく》名《みょう》」のままで儀式を行ってもらいましょう。

菩提寺への依頼・相談リスト

- ✓ 故人の死亡日時や死因、享年を伝える。
- ✓ 葬儀の場所と規模の希望を伝える。
- ✓ 僧侶の日程の都合と相談しながら日時を決める。
- ✓ 来ていただく僧侶の人数を確認する。
- ✓ 僧侶の送迎の必要・不要を確認する。
- ✓ 通夜振る舞い・精進《しょうじん》落としなどの会食への参加・不参加を確認する。
- ✓ 戒名について相談する。
- ✓ お布施の目安をお尋ねする。

僧侶が露骨に金額を提示することはないが、相談という形で目安を聞いてみる。

Q A

菩提寺が遠方にある場合は？

遠方でも日程の都合をつけて依頼する場合もありますが、依頼できないことが多いでしょう。その場合はお伺いを立てて最寄りの同宗同派の寺院を紹介してもらい、読経のみをお願いすることもあります。戒名は埋葬や法要のときに、菩提寺につけてもらいましょう。

お布施とそのほか別に用意するお金

通夜と葬儀、戒名の授与など、お葬式全般にかかわっていただいたお礼として、僧侶にはお布施を包む必要があります。またお布施とは別に用意しておくべきお金についても知っておきましょう。

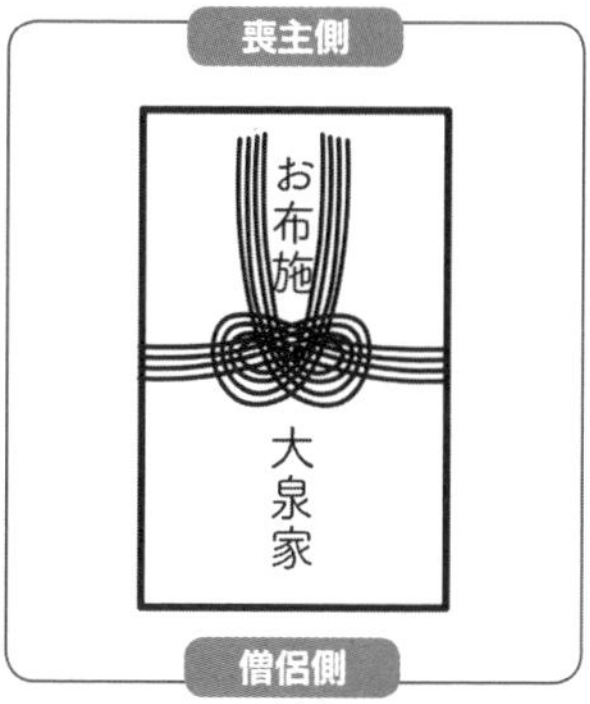

お布施を渡すときは袱紗《ふくさ》や黒塗りのお盆に乗せ、僧侶側に差し向けて渡す。

◎お布施：20万円～30万円程度

葬儀の内容・宗派・地域によるが、通夜から繰り上げ初七日法要までを行い、戒名授与まで全般を依頼した場合。

◎お車代：実費＋5000円～1万円程度

僧侶の送迎は喪主がするのが慣例だが、送迎をしない場合はお布施とは別に包んで僧侶に渡す。

◎御膳料：5000円～1万円程度

僧侶が精進落としなどの会食を辞退したとき、御膳料としてお布施とは別に包んで渡す。

◎宿泊費：宿泊料

遠方の菩提寺から泊りで来ていただく場合、喪主が葬祭ホール近くのホテルなどの予約をして宿泊料を支払う。

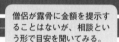

8

戒名を授かる

死後すみやかに

戒名とは、もとは仏教を学ぶため出家する者に師の僧侶から与えられる名前です。

戒名《かいみょう》の理解

「戒名」とは、現世で使用してきた「俗名《ぞくみょう》」（生前の姓名）に対して、死者が仏の世界（あの世）で使用する新しい名前と考えます。ただし宗旨宗派によってその考え方や呼称も異なるので、注意が必要です。たとえば**浄土真宗では「法名《ほうみょう》」、日蓮宗では「法号《ほうごう》」と言います**。戒名は逝去後に菩提寺《ぼだいじ》の住職によって授与されるもので、文字種（宗派によって特別な文字）や格式（院号・位号）によって金額が異なり、時には多額のお布施が必要となります。最近では戒名授与の意義や価値が見失われつつありますが、菩提寺の住職から戒名を授かるということは、たんに故人に新たな名前を命名しただけではなく、名付け親として供養の責任を担った証《あかし》とも言えるのです。

新しい戒名の手法

現代では戒名を無用のものととらえる人もいますが、戒名を日本人の死生観の象徴的な文化であると位置づけたうえで、菩提寺が一方的に授けるものではなく、本人や遺族との対話の中で定めてもいいのではないかと思います。

たとえばこれまでの作法にとらわれることなく、**故人が好んだ文字や趣味、その人を表すにふさわしい漢字、遺されたものに親しみのある命名**が相談できるのなら、より故人の祭祀《さいし》をしていくうえで大きな供養の手がかりになるのではないでしょうか。

戒名のしくみ

戒名は❶院号、❷道号、❸戒名、❹位号の４つから成り立ちます。社会的貢献度が高かったり、寺院の興隆に寄与した人などは、もっとも高い格付けでこの４つを使いますが、一般的には❸と❹で構成されます。格付けの高い戒名にするか、一般的な戒名で十分とするかは本人や遺族の考え方次第です。

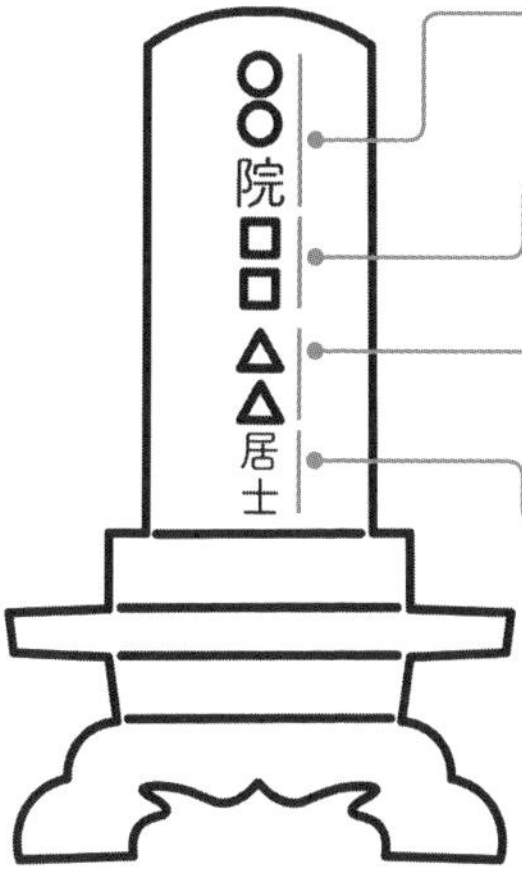

❶院号：家や故人の格式を表したもの。もとは高貴な人や寺院に多大な貢献をした人に与えられた称号。

❷道号：故人の性格や功績、生き様を表したもの。もとは仏門を極めた人に与えられた称号。

❸戒名：本来の戒名の部分。故人の俗名や経文の一字、故人の人柄をしのばせる文字を使う。

❹位号：もとは仏教に帰依した人の尊称。男性なら「大居士」がもっとも高い格で、「居士」「信士」とつづき、女性なら「清大姉」がもっとも高く「大姉」「信女」とつづく。

その人らしい戒名の例

菩提寺の住職に故人の性格や人格、趣味、仕事、思想などを伝えます。遺族の思い出となるその人らしさを表す言葉や、故人をしのぶときに一番印象的な漢字を使うことで、より身近に感じられるでしょう。

父の俗名が努（③）で、桜の季節（①）に釣りを楽しむ（②）姿が印象的なことを住職に伝えて授かった戒名。位号（④）の格にはこだわらなかった。

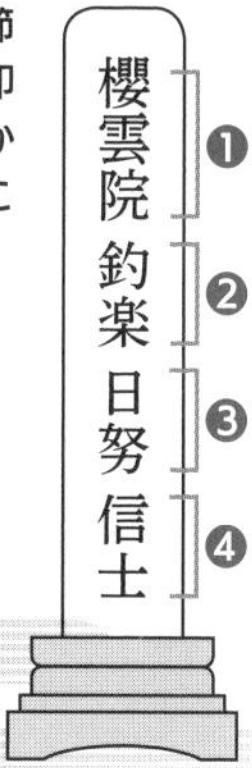

母の俗名が隆子（③）で、みんなに好かれていた（②）ことを住職に伝えて授かった戒名。位号（④）については「大姉」でも「信女」でもかまわなかった。院号については、高額なお布施を渡してまでの必要性を感じなかった。

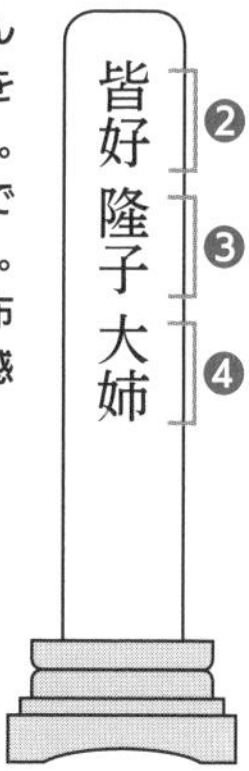

9 返礼品・会葬礼状を手配する

死後すみやかに

返礼品と会葬礼状は、通夜・告別式の会葬者に渡し、香典をいただいた方には、後日香典返しをします。

返礼品と会葬礼状とは

返礼品とは、**通夜・告別式の会葬者に対するお礼として渡す「会葬返礼品」と、香典をいただいた人にお礼として渡す「香典返し」のことです。**もとは通夜返礼品、会葬返礼品を用意しましたが、近年は通夜のみに出席する人が増えたため、通夜・告別式ともに同じ返礼品を渡すことが多くなりました。返礼品の手配は葬儀社に依頼すればスムーズです。予想される会葬者の人数よりも少し多めに頼み、余ったときに返品が可能かどうかも確認しておきましょう。また、本来は忌明《きあ》け（四十九日）にする香典返しを「即日返し」として葬儀当日に手渡ししたり、会葬返礼品と一緒にするケースも増えています。

会葬礼状とは、通夜や葬儀への会葬へのお礼を伝えるものです。もとは会葬者に後日郵送するものでしたが、**現在は通夜や葬儀の式場出口で返礼品などと一緒に渡すことが一般的になりました。**

心付けについて

多くの地域ではその是非を問わず「心付け（不祝儀）」の慣習が根強く残っています。火葬場の係員や、霊柩車《れいきゅうしゃ》・マイクロバスなど車両の運転手などに５０００円〜１万円の心付けを渡すのですが、最近は葬儀社がその目安金額もしくは不要の旨を教えてくれるので参考にしてください。心付けが必要な場合は、それぞれ現金を不祝儀袋に入れて準備しておきましょう。

香典返しの例

香典返しは、いただいた香典の2分の1～3分の1くらいの金額の品物を送ります。その手配は葬儀社やデパートなどに依頼することが多く、最近の傾向として先方に選んでもらうカタログギフトを送るケースも増えています。

返礼品と同様に消え物を送るが、いただいた金額に見合ったカタログギフトを送ることも多い。

会葬返礼品の例

返礼品は会葬への感謝を示すものなので、高価なものは避けて500円～1000円程度の品物を選びましょう。また、「不祝儀を残さないように」という考えから、あとに残らない消え物を渡すことが一般的です。

よく利用される返礼品は、お茶や海苔、お酒など。良質な素材のタオルやハンカチでもよい。

Q A

香典返しは後日のほうがいい？

一見、葬儀当日に渡す即日返しのほうが効率よく合理的にも思えますが、多額の香典をいただいたり、香典を複数預かってこられた方には、改めて後日に送る必要が出てくることも多いでしょう。やはり香典返しは、社会的対応の復帰を踏まえ、忌明け後にすることをおすすめします。

会葬礼状の例

一般的な会葬礼状は、葬儀社が用意しているひな型を使えば簡単に作成できます。会葬礼状を葬儀当日に手渡しする場合は、宛名は不要です。また、文章中に句読点を入れないのがルールです。

謹啓　亡父　○○儀（❶）　葬儀に際し
ましては　ご多忙中のところをご
会葬賜り　ご丁重なご厚志を賜り
まして　厚くお礼申し上げます（❷）
さっそく拝趨の上　ご挨拶申し上
げるべきところですが　略儀なが
ら書面をもちまして謹んでお礼申
し上げます（❸）
敬具

（❹）
令和○○年○月○日
東京都新宿区大泉○○
喪主　○○○○
親族一同

❶故人の名前
❷会葬のお礼を書く
❸書面でお礼を述べることへのお詫びを書く
❹告別式の施行日の日付や喪主の氏名を書く

10 喪服のマナー

死後すみやかに

喪服や小物は普段使わないものなので、いざお葬式になって慌てないように準備しておきましょう。

最近の喪服の傾向

通夜や葬儀のとき、遺族や会葬者は故人を哀悼するために喪服を着ます。特に遺族の場合、会葬者をお迎えする立場として本来は正式礼装(和装)の着用が望まれますが、**近年では略礼装・準礼装と呼ばれる洋装の喪服を着ることがほとんどです。これは決してマナー違反でないので、安心してください。**また遺族の中に学生がいれば制服でかまいません。制服がない場合は黒系の地味な服を用意します。

会葬者の服装は、通夜であれば仕事場からそのまま直接伺うことも多いはずです。そのためよほど派手な色目のものでもない限り、男性はスーツのままネクタイを黒色に変えるだけで問題ありません。女性の場合はきらびやかなアクセサリー類を外しておきます。翌日の葬儀の場合も、略礼装・準礼装の喪服か地味な黒い服が望まれます。数《じゅ》珠《ず》はどの宗派でも使える略式数珠を持っていると便利です。

マナー違反の服装や小物

略礼装・準礼装が一般的になったとはいえ、マナー違反の服装や小物類もあります。特に女性の場合、肌を見せる服やひざ上丈のスカートはＮＧですし、**殺生をイメージさせる毛皮のコートや爬虫類の皮とわかるバッグなどは避けましょう。**革製品の靴やバッグの場合は、光沢のない地味なものを選びます。ハンカチは基本的に白、男性の大きくて派手な時計はＮＧです。

喪服のマナー

Q A

喪服の用意がない場合は？

喪服は葬儀社や貸衣装店でレンタルが可能です。 和装・洋装ともにあり小物も用意されているので、状況に合わせて利用しましょう。ただし下着や肌襦袢《はだじゅばん》、足袋《たび》などは扱っていないことがほとんどなので、下着やワイシャツ、ストッキングなどを自分で用意します。

◎男性

略礼装・準礼装

喪主と遺族、会葬者が着用する。近年はこの喪服が一般的。ワイシャツは白無地でネクタイは黒、ネクタイピンとポケットチーフは不要。靴下と靴は黒でシンプルなものがよい。

正式礼装（和装）

喪主が着用するが、近年はほとんど使われない。紋付きの羽織と袴が基本で、羽織ひもと足袋、草履の鼻緒は白か黒色（地方によって異なる）。扇子は不要。

◎子ども

遺族、会葬者が着用する。学校の制服などがあればそれを着る。ない場合は地味な色合いのブレザーに白いシャツを合わせた服を着用すればよい。

◎女性

略礼装・準礼装

喪主と遺族、会葬者が着用する。黒無地の長袖ワンピースかスーツで、正座したときにひざが隠れるスカート丈にする。バッグや靴は柄物を避け、光沢のないものにする。

正式礼装（和装）

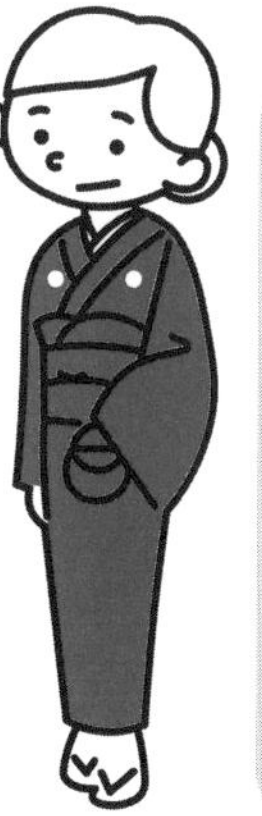

喪主が着用する。紋付きの羽二重か一越縮緬の着物。帯や帯締め、帯揚げは黒で統一する。一方の半襟や足袋、襦袢は白で統一する。バッグは黒で光沢のないものを選ぶ。

11

納棺する

通夜の当日または前日

納棺とは、遺体を棺に納める大切な儀式で、通夜の前に身近な親族とともに行うのが原則です。

遺族の手で納棺

棺はこの世からあの世への橋渡しをするための容器です。そのため納棺は、遺体を棺に納め、故人の旅立ちの準備をしてあげる大切な儀式です。**以前まで納棺は通夜の前日に行われていましたが、近年は通夜当日の開始前にすることが多くなってきました。**この儀式は葬儀社のスタッフの手伝いのもとで行われますが、必ず身近な親族の手によって故人をしっかり持って静かに棺に納めます。近親者はできるだけこの納棺の儀に立ち会うことをおすすめします。

死装束と副葬品

納棺前には遺体を死装束に整えます。死装束とはあの世への旅立ちの衣装です。葬儀社で用意してくれますが、最近は経帷子《きょうかたびら》を遺体にかけるだけの形式的なやり方が多くなってきました。また、仏式の死装束にこだわらず、**故人が生前に愛用していた服や着物などを着せることもあります。**

また副葬品とは、故人に持たせるために一緒に棺の中に入れるものです。故人の愛用品や家族からの手紙など思い出の品が一般的で、さらに遺体のまわりを生花で飾ります。ただし**火葬の関係で燃えないもの・燃やすと危険なものもあるので、葬儀社によく聞いてから納めるようにしましょう。**そうして棺にふた(釘は打たない)をし、納棺が終わったら通夜の祭壇に安置します。

仏式の死装束一式

伝統的な仏式の死装束（宗派によっては死装束を不要とする場合もある）一式で、白の経帷子の襟の打ち合わせを左前にして着せます。しかし最近は実際には着せず、遺体の上にかけるだけのこともあります。

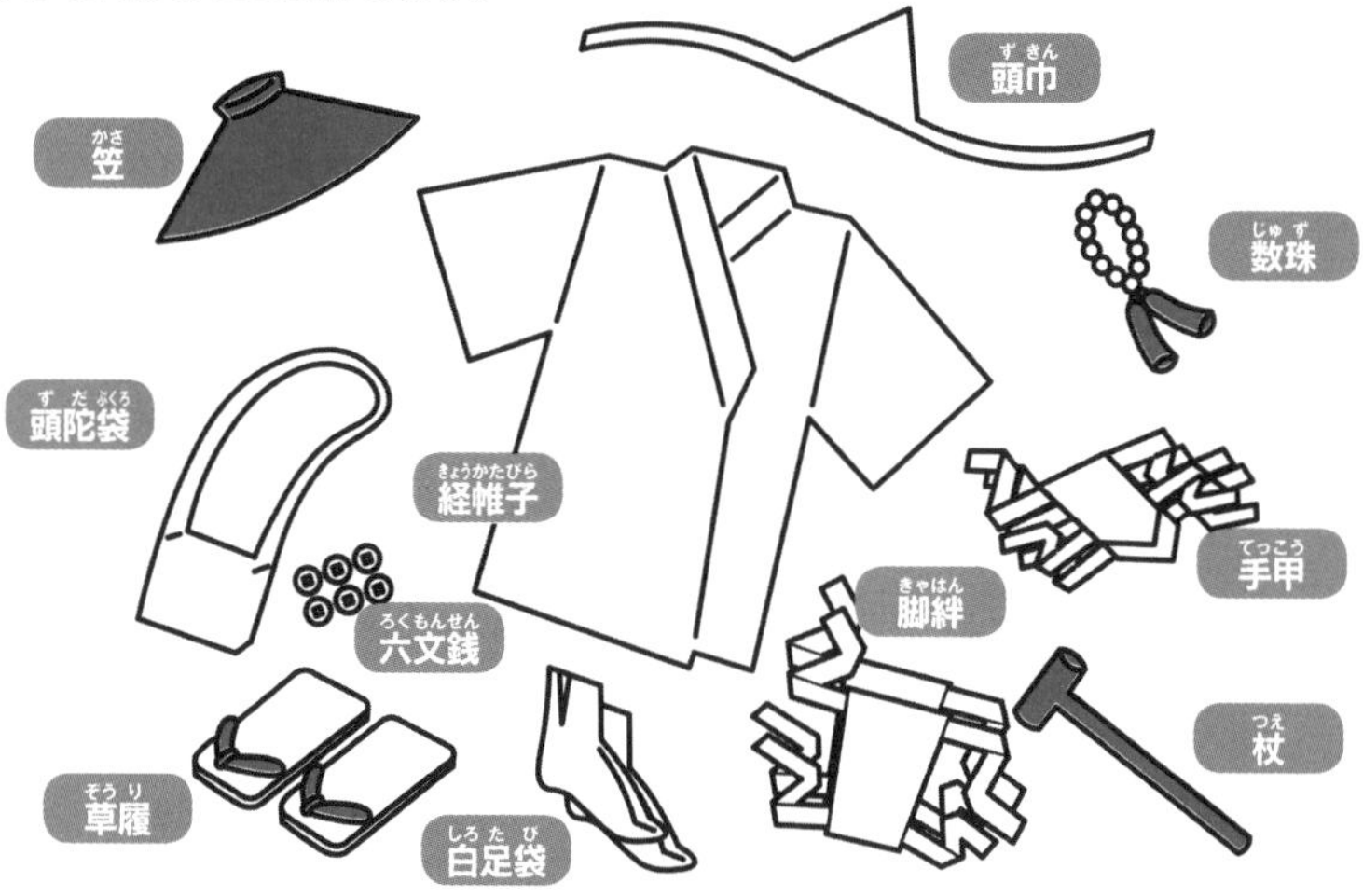

副葬品の例

火葬のときに焼け残りそうなものや、有害物質を発生する恐れのあるものは納めることができません。故人が愛用していた眼鏡や時計、指輪などは、火葬後に骨壺の中に入れるか、別の箱を用意して納骨のときに一緒に納めましょう。

◎ふさわしいもの

花・手紙や寄せ書き・お気に入りの洋服（燃えにくいものはNG）・服飾小物・愛読書・（愛煙家であれば）吸っていた銘柄のタバコ・千羽鶴・朱印帳など。

◎規制されているもの

燃えない・燃えにくいもの：金や指輪などの貴金属製品・水分の多い食べ物・分厚い書籍など。

燃やすと遺骨や炉を傷つける可能性があるもの：杖やゴルフクラブなどのカーボン製品・眼鏡などのガラス製品・携帯電話やガスライターなどの危険物。

燃えると有害物質が出るもの：ビニール製品のハンドバッグや靴、おもちゃなど。

法律上で規制されているもの：紙幣など。

◎ふさわしくないもの

家族写真（生きている人が映っているもの）

12

通夜の流れを確認する

通夜を滞りなく進めるためにも、全体の流れを把握し、事前に確認・決定しておくべきことを理解しましょう。

通夜前に確認すること

通夜とは本来、故人と身近な遺族が生死の境を見届けながら一夜を過ごす習俗儀礼で、灯明や線香を絶やさないなどの慣例があります。**しかし現在では、翌日に行われる告別式と同じように葬祭ホールなどでなされ、むしろ通夜への弔問《ちょうもん》客の方が多いようです**。このような現代の通夜に対応するため、事前に決めておくことがあります。まずは着席の順序ですが、一般的には祭壇に向かって右側が遺族席で、左側が一般来賓になります。席次は焼香の順番にもなるので、あらかじめ着席の場所を指定しておきます。供花などをいただいた場合も置き方に序列が生じるので、葬儀社と相談して配置を決めておきましょう。

通夜当日の流れ

通夜当日は**「準備」、「通夜」、「通夜振る舞い」という大きく3つの流れで進行します**。まず準備とは、僧侶をお迎えして控室などへ案内し、喪主と遺族が僧侶にあいさつすることです。受付は通夜開始の30分ほど前から開始し、会葬者を含めて一同が着席したら、僧侶が入場して通夜の開始です。僧侶の読経が始まり、焼香は僧侶、喪主、遺族、会葬者の順に行います。僧侶の法話があって退席した後、最後に喪主のあいさつで会葬者を通夜振る舞いへと促します。通夜振る舞いは、遺族が僧侶や会葬者を料理などでもてなし、最後に喪主のあいさつで散会します。

通夜の一般的な流れ

通夜は「準備」、「通夜」、「通夜振る舞い」の大きく3つに分けられます。全体の流れを把握しておきましょう。

準備

❶受付開始

通夜の開始30分前には受付を開始する。

❷僧侶到着

着替えができる控室に案内し、喪主や遺族があいさつする。通夜の進行について確認する。

❸一同着席

喪主と遺族、関係者は開始15分前に着席する。

通夜

❹僧侶入場

一同、頭を下げて僧侶を迎える。

❺読経・焼香

読経の後、僧侶、喪主、遺族、親族、会葬者の順で焼香を行う。

会葬者が多いときは、読経の途中から焼香を始める場合もある。

❻僧侶の法話

僧侶が法話や説教を行うことがある。

❼僧侶退場

一同、黙礼で見送る。

❽喪主のあいさつ

遺族を代表して喪主があいさつし、会葬者に通夜振る舞いの席へと案内する。

通夜振る舞いに参加しない会葬者には、返礼品・会葬礼状を渡す。

通夜振る舞い

❾通夜振る舞い

遺族が会葬者を料理でもてなす。

❿喪主のあいさつ

会葬のお礼と翌日の葬儀・告別式の案内をする。返礼品・会葬礼状を渡して散会。

通夜の席次について

一般的に喪主と遺族は棺にもっとも近い位置に座ります。祭壇に向かって右側に喪主と遺族、親族が血縁の順に並び、左側には世話役や親せきが並びます。一般の参列者が座るのは後方の席です。

＊通夜の会場の形や大きさ、地方の慣例によって異なる。

13

通夜を執り行う

死後2日

通夜の流れは前ページで紹介しましたが、通夜における喪主の役割とあいさつを焦点として解説します。

喪主の役割

通夜当日における喪主の役割は、実務ではなく、主に対外的な対応です。まず僧侶への対応ですが、僧侶が到着したら控室へ案内します。そこで改めてあいさつをし、通夜の式次第の確認をします。**このときもし不安があるなら、祭壇の確認もしてもらいましょう。**通夜終了後には、僧侶の着替えを待って控室へあいさつに伺い、このときお布施も渡します。それから通夜振る舞いへ案内してもてなしますが、都合によって辞退されるときは、御膳料とお車代を渡して見送ります。

次に会葬者・弔問《ちょうもん》客への対応ですが、通夜開始前には主だった会葬者にあいさつをしてまわり、それから席に着きます。通夜中の焼香では最初に行うことが多く、**焼香後に自分の席に戻る場合と、そのまま遺族ともども焼香台の脇に立ち、弔問客の焼香時の黙礼に立礼でお応えする場合もあります。**事前に葬儀社に確認しておきましょう。

喪主のあいさつ

喪主が会葬者へ向けてあいさつする機会は2回です。最初は僧侶が退場した後の通夜の終了としてのあいさつで、会葬へのお礼と故人がお世話になったことへの感謝を述べ、通夜振る舞いへの案内をします。もうひとつは、通夜振る舞いの終わりにするあいさつで、滞りなく通夜を行うことができたお礼を述べ、翌日の葬儀・告別式の案内をして散会のきっかけとします。

通夜終了のあいさつ例

通夜終了のあいさつは簡潔なものが望まれます。しかし近年は葬儀・告別式よりも通夜に多くの人が集まるため、今まで葬儀でしていた故人のエピソードなどをこの通夜時にすることも多くなってきました。

❶会葬へのお礼
❷逝去のいきさつ
❸故人の思い出
❹通夜振る舞いへの案内
❺葬儀・告別式の案内

本日は亡き○○の通夜に際しご弔問をいただき、またご厚志を賜り厚くお礼申し上げます。……❶
父○○は一昨日の早朝、家族が見守るなか、静かに眠りにつきました。享年○○歳でした。
生前のご厚誼に深く感謝いたします。……❷
ご存知の方もいらっしゃると思いますが、父は絵画を趣味としておりました…（故人の思い出を紹介する）……❸
大変ささやかではございますが、別室にお席を用意しております。故人への供養のためにも、ぜひ箸をつけていただきたく存じます。……❹
なお明日は、午後○時より葬儀・告別式をこの葬祭ホールで行います。お時間がございましたら、ぜひご列席を賜りたいと存じます。……❺
どうかよろしくお願い申し上げます。
本日は、誠にありがとうございました。

通夜振る舞い散会のあいさつ例

通夜振る舞いで帰るタイミングがわからない弔問客に配慮し、喪主からのあいさつをすることで散会のきっかけとします。

❶会葬へのお礼
❷故人の思い出
❸散会のきっかけ
❹葬儀・告別式の案内

本日は、ご多用中にもかかわらず誠にありがとうございました。
皆様のおかげをもちまして、通夜の儀式を無事に終えることができました。……❶
父○○の若いころのお話なども伺い、私が知らない故人の一面を初めて見た気がしました。
父は厳しいなかにも優しさを秘めた人でした…。……❷
さて、ご弔問の皆様方には十分なお振る舞いもできませんでしたが、夜遅くまでおつきあいいただき、ありがとうございました。……❸
なお明日は、午後○時より葬儀・告別式をこの葬祭ホールで行います。お時間が許しましたら、お見送りに来ていただければありがたく存じます。……❹
本日は、誠にありがとうございました。

14

葬儀・告別式を執り行う

死後2〜3日

最近は葬儀と告別式を一緒に行うことが一般的です。仏式の場合、宗派によって多少内容が異なるので葬儀社に相談しましょう。

事前の打ち合わせ

本書では、故人の遺体や魂にかんする習俗的・宗教的儀式を「葬儀」(葬送儀礼)とし、遺族の社会的・世間的対応を「告別式」としており、この二つを併せて「お葬式」と考えています。そのため本来目的の異なるものを同時進行で営んでいるのが現状です。

葬儀・告別式は通夜の翌日に行われます。通夜の終了後、喪主と世話役代表などは葬儀社のスタッフと翌日の葬儀について打ち合わせをします。席次や各世話役(↓P59)の仕事は、基本的に通夜のときと同じですし、式の進行スケジュールは葬儀社が用意してくれますが、**弔辞や弔電の扱いについては遺族が決定する必要がありますし、出棺前のあいさつ内容(↓P77)の推敲も忘れてはいけません。**

葬儀・告別式の流れ

一般的な葬儀・告別式の流れ(↓左ページ)を把握しておきましょう。

式場に一同着席後、僧侶が入場して開式の辞と続き、読経が始まります。導師(僧侶)による宗教儀礼が果たされた後、弔辞拝受(ない場合もある)があり、その後喪主や遺族の焼香が行われます。ここまでが葬儀です。

その後、告別式として会葬者が案内によって順次焼香をして退席していきます。読経が終了して僧侶が退場した後、弔電の拝読(ない場合もある)とつづき、閉式の辞となります。

一般的な葬儀・告別式の流れ

宗派やお葬式の規模によって異なりますが、一般的な葬儀・告別式の流れを紹介します。葬儀中、式の進行や参列者への対応は、基本的に遺族は行いません。葬儀社のスタッフにお任せして大丈夫です。

❶受付開始

葬儀開始の30分前から受付を開始する。

❷一同着席

開始15分前には着席する。

葬儀

❸僧侶入場

一同、黙礼で迎える。

❹開式の辞

司会者による開式の言葉。司会者は一般的に葬儀社スタッフが行う。

❺読経

宗派によって読経の内容は異なる。時間は一般的に30分くらい。

❻弔辞拝受

司会者による弔辞のお願いの言葉。弔辞をいただく人数は2人が一般的。省略されることもある。

❼遺族の焼香

僧侶の焼香に続き、喪主、親族が焼香する。

告別式

❽一般会葬者の焼香

会葬者の目礼に対して、遺族は座ったまま目礼を返す。

この後、繰り上げ初七日法要(→P80)の読経が続くこともある。

❾僧侶退場

一同一礼して見送る。

❿弔電奉読

司会者による弔電読み上げの言葉。通常は仕事の関係者1通、友人・知人1～2通程度の「全文」を、あとは「名前のみ」を読みあげる。省略されることもある。

⓫閉式の辞

司会者の閉式の言葉。

出棺がない場合は、閉式前に喪主のあいさつが行われることもある。

⓬会葬者退場

出棺(→P76)

弔辞と弔電

弔辞とは故人に捧げる別れの言葉のことで、弔辞をいただきたい場合は事前に依頼しておきます。また弔電は、お葬式に参列できない人がお悔やみの気持ちを伝える電報です。どちらも司会者のアナウンスで呼びかけ、および読み上げされるので、その順番や姓名の読み方を事前に確認して伝えましょう。

出棺する

15

死後2〜3日

故人と遺族との対面での最後のお別れです。お別れの儀の後、棺にふたをして霊柩車に乗せ、出棺となります。

お別れの儀

告別式が終わると、喪主や遺族、親族、故人と親しかった人たちが会場に残り、お別れの儀を行います。祭壇から棺を下ろしてふたを開け、お別れの花を遺体のまわりに手向けます。**その後に棺にふたを閉めて出棺となるので、これが故人と対面できる最後の機会になります**。棺のふたを釘で閉じることを「釘《くぎ》打ちの儀」と言いますが、近年は省略されることも多く、宗派によっても異なります。

喪主のあいさつ

ここで棺を前にして、喪主が見送りの会葬者（火葬場へ行かない会葬者）にあいさつをします。喪主の両脇に遺影、位牌を持った人が並びます。本来位牌は喪主が持つものですが、マイクを持って話すこともあるので、身近な遺族がこれを補佐します。あいさつの内容は主に会葬に対するお礼と、今後の変わらぬご交誼をお願いして簡潔に行います。なお、**喪主のあいさつを葬儀・告別式の最後に行った場合は、あいさつを省略してもかまいません**。

その後、棺を霊柩車《れいきゅうしゃ》に運び込み（遺体の足のほうから乗せる）ますが、棺は近親者や友人など、成人男性6人で運ぶのが一般的です。自宅で葬儀が営まれた時代には、出棺時のいろいろな慣例作法がありましたが、現代ではほとんど省略されています。棺を霊柩車に乗せ、一同合掌のなか出棺します。

出棺の流れ

告別式が終わった後、遺族や親族、故人と近しい友人・知人で執り行う「お別れの儀」に続き、会葬者の前で「喪主のあいさつ」をしてから「出棺」になります。

❶お別れの儀

別れ花を手向ける：祭壇に供えてあった花を遺族の手で遺体のまわりに飾り、最後のお別れをする。
釘打ちの儀：棺のふたを閉め、葬儀社のスタッフが半分ほど釘を打ち込み、続いて遺族が石で釘を打つ。最近は省略されることが多い。

❷喪主のあいさつ

見送りの会葬者へ向けて、喪主があいさつする。

❸出棺

遺族などの手で持った棺を霊柩車へ運び込み、一同合掌してから火葬場へ向かう。

長い弔笛（クラクション）を鳴らすこともある。

❹火葬場（→P78）

出棺前の喪主のあいさつ例

一般の会葬者にとってこれが最後のお別れとなるため、喪主のあいさつは、会葬者へのお礼と今後の変わらぬご厚誼をお願いします。

❶会葬へのお礼
❷故人が生前にお世話になったことへの感謝
❸故人なき後の意思表明など
❹今後のご支援とご交誼のお願い
❺最後に改めてのお礼

本日はお忙しい中、父○○の葬儀・告別式にご参列いただきまして、誠にありがとうございました。また、出棺までお見送りくださり、故人もさぞかし喜んでいることと思います。……❶
亡き父の生前中は、皆様に大変お世話になりました。故人にかわって改めてお礼申し上げます。……❷
これから父の遺志に添うように一所懸命つとめて参りたいと願っておりますので、……❸
どうか残された私どもに対しても、生前と変わりなき皆様のご厚誼を賜りたくお願い申し上げます。……❹
出棺に先立ちまして、一言ごあいさつを申し上げ、お礼にかえさせていただきます。ありがとうございました。……❺

16

火葬する

死後2〜3日

故人との最後のお別れの機会です。火葬をするためには「死体火葬許可証」が必要になるので、忘れずに持参しましょう。

納めの式

火葬場への移動は、棺と喪主を乗せた霊柩車《れいきゅうしゃ》を先頭に、遺族や親族はハイヤーやマイクロバスに同乗して向かうのが一般的です。僧侶が乗る場合は、上座(運転席の後ろ)に乗ってもらいましょう。火葬場に到着したら炉の前に棺を安置し、祭壇用の机に位牌や遺影などを並べて最後のお別れをします。これを「納めの式」といい、僧侶が同行している場合は読経と同時に全員で焼香を行います。

その後、遺体を火葬します(茶毘《だび》に付す)が、火葬には1〜2時間前後かかるので、その間、遺族は控室に用意した茶菓や酒で僧侶や参列者をもてなします。火葬が終わったら、最後に行うのが遺骨を骨壺に納める「お骨上げ」という儀式です。2人一組で行い、それぞれの箸を使ってひとつの骨を拾います。**一般的に喪主、遺族、親族というように、血縁の濃い人の順番で拾い上げます。**

「死体火葬許可証」

火葬には、市区町村役場で発行してもらった「死体火葬許可証(↓P32)」が必要になります。**火葬場に向かう前に葬祭業者に預けておくとよいでしょう。**火葬後に火葬場管理者が署名・捺印して返却してくれますが、これが「埋葬許可証」になります。また、分骨を予定している場合には、忘れずに事前に火葬場に「分骨証明書」の発行を依頼しておきましょう。

火葬の流れ

火葬場に着いたら喪主（もしくは葬儀社）が係員に死体火葬許可証を渡し、納めの式を行います。火葬、お骨上げの後、繰り上げ初七日法要・精進《しょうじん》落としへと進みます。

❶納めの式

焼香台に位牌と遺影を置き、僧侶（同行している場合）の読経とともに順番に焼香する。

❷火葬（荼毘に付す）

炉に棺が納められて点火される。一同、合掌して見送る。

❸待機

控室へ移動し、遺族が僧侶と参列者を茶菓などでもてなす。

分骨する場合は、分骨用の骨壺も必要となる。

❹お骨上げ

2人一組で順次お骨を拾って骨壺に納める。埋葬許可証を受け取る。

❺繰り上げ初七日法要・精進落とし（→P80）

当日、場所を移してそのまま続けて行うことが多い。

Q A

火葬場スタッフへの心付けは必要？

原則、公営の火葬場の職員は公務員ですので心付けは不要です。民営の場合は、地域によっては心付けが慣例となっていることもあるので、事前に葬儀社に確認しておきましょう。

遺骨のアクセサリーについて

事前に業者に依頼しておくと、火葬後の遺骨の不純物を取り除き、遺骨をパウダー状にしてガラスの密閉容器などに納めてくれます。またその遺骨のパウダーをペンダントや指輪、ブレスレットなどに納めるサービスがあります。故人とのつながりをつねに身近に感じることができるアクセサリーとして注目されています。

17

初七日法要と精進落とし

死後2〜7日

故人が亡くなった日を含めて七日目にする初七日法要と、法要をねぎらう精進落としについて解説します。

初七日法要

火葬を終えたら喪主が遺骨を抱えて帰途につきます。自宅では後飾り壇を設置し、お骨を迎える儀式として僧侶に読経してもらい、遺族が焼香する「還骨《かんこつ》法要(還骨勤《かんこつごん》行《ぎょう》)」を行います。そして故人の逝去後7日目に「初七日法要」を行うという流れが今までは一般的でした。

初七日法要とは、故人があの世に旅立っていけるようにする最初の供養になります。通常は葬儀の2、3日後が逝去7日後にあたりますが、**最近は7日後に再び遺族が集まる負担を軽減するため、葬儀・告別式の後、または火葬の後に併せて執り行うことが慣例になっています。**これを「繰り上げ初七日法要」といいます。

精進落とし

故人の逝去後49日間を特に「忌《き》中《ちゅう》」として、故人の供養に専念するべき期間としています。「忌明《きあ》け」はその終了であり、日常への回復を意味しています。また、それまでの「精進《しょうじん》」を落として飲食の制約を解除する意味合いがありましたが、**現代では繰り上げ初七日法要を行った後、遺族が会食の席を設けて、葬儀でお世話になった人をねぎらう意味合いが強くなっています。**会食では、喪主はなるべく一人ひとりの席をまわってお酒や料理をすすめながら、無事に葬儀を終えられたお礼を伝えましょう。最後に喪主が締めのあいさつをして散会となります。

後飾り壇の例

自宅では、一般的に四十九日の法要まで遺骨を後飾り壇に安置します。弔問《ちょうもん》客が来た場合は、この祭壇でお線香をあげてもらいます。後飾り壇の用具は、葬儀のセットプランに含まれていることも多いので、葬儀社に確認しましょう。

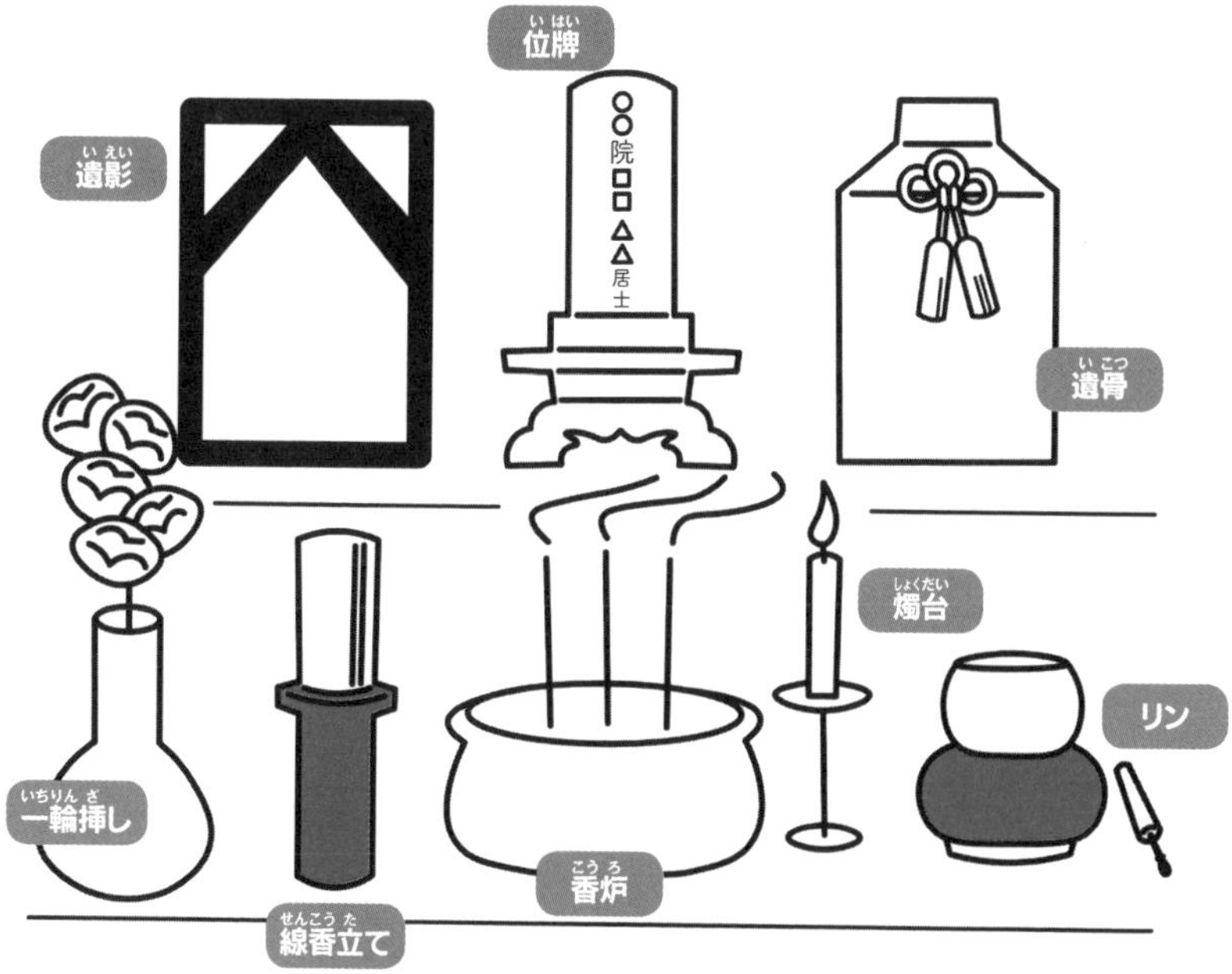

精進落とし閉会のあいさつ

通夜から葬儀・告別式、そして火葬と滞りなく終えられたことへのお礼を伝え、四十九日法要や納骨の案内をします。

❶会葬のお礼
❷精進落とし終了のあいさつ
❸今後のご支援とご交誼のお願い
❹四十九日法要と納骨の案内
❺最後に改めてのお礼

皆様、本日は長時間にわたり、故人をお見送りいただき誠にありがとうございました。……………❶
まだごゆっくりしていただきたいところですが、明日のご予定もございましょうから、長くお引き留めしては申し訳ございません。このあたりでお開きとさせていただきます。……………❷
何かと行き届かない点がございましたこと、お詫び申し上げます。何卒、今後とも変わらぬご厚誼を賜りますようお願い申し上げます。……………❸
なお、四十九日の法要と納骨は○月○日に執り行います。詳細は後日ご案内申し上げます。………❹
本日は誠にありがとうございました。……………❺

18

神式の葬儀

神道では死を穢れととらえるため、神社では行えません。自宅か斎場を会場にして執り行います。

自宅か斎場で行う

神道では「神様は死を嫌う」とされているため、**通夜と葬儀は聖域である神社ではなく自宅か斎場で執り行います**。儀式の前には水で手を洗い、口をすすぐ「手水《ちょうず》の儀」で身の穢《けが》れを清めます。一般的に、受付などに会葬者が使用する水を入れた桶やひしゃく、懐紙を用意して迎えます。

通夜と葬儀では、玉串を供える「玉串奉奠《ほうてん》」が行われます。これは仏式の葬儀の焼香の代わりとなります。

神式のおもな儀式

神式の儀式は神葬祭と呼ばれ、さまざまなものがあります。

納棺の儀：遺体を棺に納める儀式。

通夜祭・遷霊祭：神式の通夜にあたるもので、故人の霊魂を遺体から霊璽《れいじ》に移すための儀式。

葬場祭：神式の葬儀にあたるもので、故人を家の守護神として祀《まつ》る儀式。

出棺祭：斎場や自宅から出棺を見送る儀式。省略することもあります。

修祓《しゅばつ》の儀（後祓《あとばら》いの儀）：出棺後、家などを祓い清める儀式。

火葬祭：火葬場で祭詞を述べます。

埋葬祭：埋葬を執り行います。

このうち通夜祭と遷霊祭は、本来は別々の儀式でしたが、現在は一緒に行われています。遷霊祭が終わったら、仏式の通夜振る舞いにあたる「直会《なおらい》」を行いますが、神道では喪家は火を使わないため、仕出し料理などを頼むのが一般的です。

葬場祭の流れ（例）

葬場祭の進め方は地方や神社によって異なりますが、おおよその流れを紹介します。神式での通夜・葬儀に初めて会葬する人も多いでしょうから、式次第と合わせて、こうした作法を紹介するプリントを用意しておくことをおすすめします。

❶一同着席

手水の儀をすませ、案内にしたがって着席する。

❷斎主（神主）入場

斎主が入場してきたら、会葬者は一礼して迎える。

❸開式の辞

司会進行役による開式の言葉。

❹修祓《しゅばつ》の儀

一同起立。斎主が供物、会葬者を祓い清める。

❺献饌《けんせん》

斎員（神職）が神に神饌《しんせん》（食べもの）や幣帛《へいはく》（供物）を供え、奉楽を奏でる。

❻祭詞奏上

斎主が祭詞を奏上する。故人の魂が安らかであり、遺族を見守るよう祈願する。

❼弔辞・弔電

❽玉串奉奠

仏式の焼香にあたるもの。斎主の玉串奉奠が済んだら、喪主、遺族、会葬者の順に玉串を霊前に捧げる。

玉串とは、榊《さかき》などの常緑樹の小枝に、紙でつくった紙垂《しで》などを結び付け、神前に供えるもの。

❾斎主退場

会葬者一同、一礼して見送る。

❿遺族代表のあいさつ

⓫閉式の辞

この後、出棺祭へと続く。

手水の儀の作法

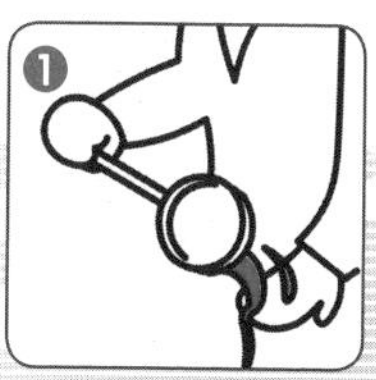

ひしゃくの水で左手を清める。

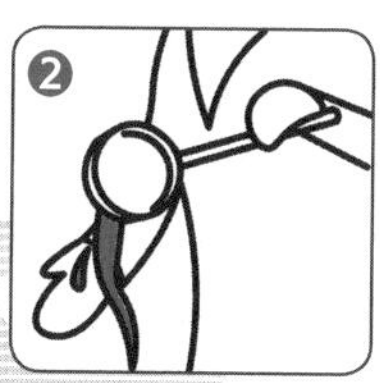

ひしゃくを左手に持ち替え、右手を清める。

左の手のひらで水を受けて口にふくみ、軽くすすぐ。

ひしゃくの柄に水を垂らして清める。

19

キリスト教式の葬儀

キリスト教式の葬儀は、故人が神のもとへ召されるように遺族が祈ることが儀礼の中心となります。

カトリックの葬儀

キリスト教式の葬儀には、**大きくカトリックとプロテスタントの2つに分かれますが、さらに宗派や教会によって異なるので、ここでは一般的な葬儀方法を紹介します**。まずカトリックですが、通夜に遺族や友人が自宅もしくは教会に集まり、神父のもとで「通夜の祈り（集い）」を行います。遺体を安置した部屋に、遺影や十字架、生花などを飾った祭壇を設け、聖歌の斉唱、神父による聖書の朗読が行われ、最後に会葬者全員が献花をします。また、「葬儀ミサ」と呼ばれる葬儀は、こちらも自宅や教会などで故人の罪の許しを神に請い、安息を得られるように祈ります。

プロテスタントの葬儀

プロテスタントの場合は、納棺式に続いて「前夜式」が行われますが、これは棺のある部屋に質素な祭壇を設け、讃美歌の斉唱や聖書の朗読などをします。牧師による会葬者のために行う祝祷《しゅくとう》（祝福の祈り）と説教の後に献花となります。「葬儀式」については、祝祷は故人の冥福を祈るというより神への感謝を伝え、遺族を慰めるために捧げられます。弔辞も遺族や会葬者に向けて読まれることが特徴です。

どちらのキリスト教式でも、仏式の「通夜振る舞い」にあたる習慣はありませんが、軽食や茶菓などをもとに、神父や牧師、親しい人たちと故人をしのぶ茶話会が行われることがあります。

プロテスタントの葬儀の流れ

❶奏楽

オルガンの演奏。牧師に続いて遺族と棺の入場。会葬者一同起立して迎える。

❷開式の辞

牧師が開式の言葉を述べる。

❸聖書の朗読

牧師が聖書を朗読し、祈祷を捧げる。参列者は黙祷。

❹聖歌斉唱

全員起立して聖歌を合唱する。

❺説教

説教の前に故人の略歴を紹介することもある。

❻聖歌斉唱

❼弔辞・弔電の紹介

❽聖歌斉唱

❾オルガン演奏

オルガン演奏時、参列者は黙祷。

❿遺族代表あいさつ

⓫献花

⓬閉式の辞

牧師が閉式の言葉を述べる。

カトリックの葬儀ミサの流れ

❶聖歌斉唱・神父入場

聖歌とともに神父が入場する。神父が入口に安置された棺に聖水と祈りを捧げる。その後神父に続いて棺と遺族が入場する。

❷開祭

神父が棺に聖水を注いで献香した後、開式の言葉を述べる。

❸言葉の典礼

聖書や福音書の朗読、説教が行われる。

❹感謝の典礼

遺族が祭壇にパンと葡萄酒を捧げた後、感謝の祈り、聖体拝領などを行う。

❺赦祷《しゃとう》式

神父による故人の追悼説教、献花、祈祷を行い、一同で聖歌斉唱する。

❻告別式

聖歌斉唱、弔辞・弔電の紹介、結びの祈り、献花などを行う。遺族があいさつをすることもある。

Q A

信者でなくても葬儀ができるの？

信者以外の人が教会での葬儀を望む場合、プロテスタントの教会であれば応じてくれることが多い傾向にあります。カトリックの教会の場合は、原則的に信者とその家族を対象としていましたが、最近は受け入れてくれることもあります。問い合わせ先が分からないときは、葬儀社に相談してみましょう。

COLUMN

新時代のお墓参りの形

ネット上のお墓というものを聞いたことがありますか？ 昨今テレビや雑誌などで取り上げられることが多くなってきましたが、まだまだ認知度は低いようです。

ネット上のお墓参りのシステムは、大きく2つに分かれます。ひとつは「併存型」と呼ばれるもので、実際にお墓があり、ネットを通じてお墓の写真を画面に映してお墓参りができるという形です。またライブカメラでお墓を映し出すという方法もあり、お墓参りをしたいけど、遠方にいて時間が取れなかったり、高齢で遠出ができない人に好評なようです。

もうひとつは「単独型」と呼ばれるもので、実際のお墓がなく完全にバーチャルなものです。「お墓は不要だけど、お参りをする対象が欲しい」という人に有効で、画面上にイメージ映像の墓地や霊園、故人の写真やデータを映し出し、献花や焼香ができるというシステムです。この場合、遺骨は散骨などの自然葬(→P140)をしたり、分骨して手元に置いておくことが多いようです。

費用については、1万円あれば故人の情報や写真などを登録でき、年間維持費も数千円の施設があります。ネット上のお墓のメリットは、先にも触れたように「いつどこからでもお墓参りができる」ことで、さらに「参拝の対象を作れる(単独型の場合)」「費用が安い」ということです。ただし「お墓の手入れ・掃除ができない(併存型の場合)」「親族が集まる機会が減る」「周囲の理解を得づらい」などのデメリットもありますので、熟考すべきです。

いずれにせよ、故人をしのび、寄り添う気持ちを大切にして日々を送りたいものです。

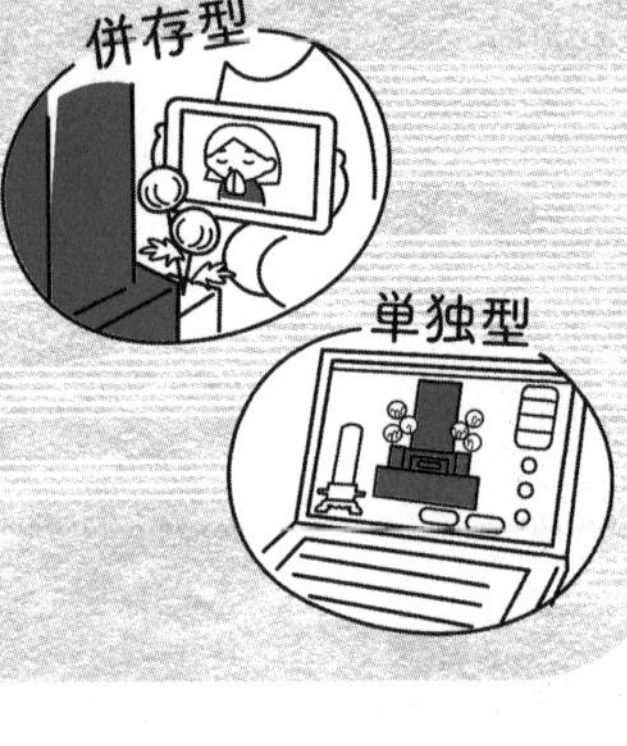

第3章

葬儀後の手続き

1 事務引き継ぎと支払い

葬儀後すみやかに

葬儀を終えたら世話役や各係から事務を引き継ぎますが、内容をしっかり把握して各所への支払いをすませましょう。

事務処理を引き継ぐ

通夜や葬式など一連の式が終わったら、世話役や受付係、会計係などから事務の引き継ぎを行います。**各係から引き継ぎをする際は、後から不明な点が出ないようにしっかりと説明を受けながら整理していきましょう。**内容は、会葬者名簿や記帳類、香典帳と香典の現金、弔電・供物・供花について、立替金・支払い領収書などがあります。左ページにリストを紹介しているので、参考にしてください。

支払いについて

お葬式に関連する費用は、葬儀費用一式、飲食・接待費、お布施の大きく3つに分けられます。

葬儀費用一式…葬儀社への支払いは、後日精算になります。事前にもらった見積書と請求書を見比べ、不明な点があれば精算前に確認する必要があります。

飲食・接待費…葬儀社のセットプランに含まれているものは後日精算します。精《しょう》進《じん》落としなどで料理店を利用した場合は、その場での精算になっているはずなので、領収書を保管しておきます。

お布施…本来はお葬式後に菩《ぼ》提《だい》寺《じ》に出向いてあいさつとともに渡す慣例でした。しかし現在は、通夜または精進落としなどの終了後に渡すことが多くなりました。僧侶にお願いすれば、後日「領収書」に順当する「受取証」や「志納証」などの名目で金額を明記したものを発行してくれる場合もあります。

世話役や各係から引き継ぐべきリスト

会葬者名簿・記帳類

最近は横書きのノート式やカード式など整理しやすいものがあり、葬儀社がそのひな形を用意してくれるときもある。通夜と式での区別や会社関係、地域関係、友人関係などそれぞれの仕分けがなされていると把握しやすく、また名刺なども貼り付けができれば紛失しにくくなる。

立て替え金・支払い領収書など

その場で急遽立て替えたものや支払ったものがあれば、記録して領収書などもあわせて受け取る。会葬者の中には、生花代などをその場で精算したいという人もいるので、あらかじめ領収書を用意して受付に預けておくこともある。

落としもの・伝言

落としものの有無、会葬者の伝言などを確認し、もしも苦情などがあれば早急に対応する必要がある。

香典帳と香典の現金

精算がなされた香典帳と現金を受け取る。香典帳はその記録として氏名や住所、電話番号など、後日の返礼などのためにもしっかりチェックすること。また香典袋には名前と金額だけの記述もあり、後日会葬者名簿と突き合わせて整理しなければならないことも多々あるので注意。

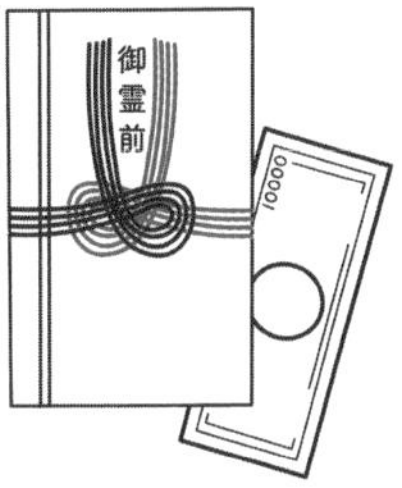

弔電・供物・供花

自宅に届くものや後から届くものなどもあるので、その都度メモしておくこと。また個別の生花など、担当の葬儀社ではなく他の生花店から届く場合もある。祭壇の写真だけではなく、生花、供物の芳名も後からわかるように携帯電話などで写真を撮っておくとよい。

2

あいさつと香典返し

葬儀翌日〜初七日まで／即日または忌明《きあ》け

お葬式が終わって慌ただしいとは思いますが、あいさつ回りは早めにしておくことをおすすめします。

あいさつ回り

葬儀後は、なるべく早め（初七日まで）にあいさつ回りをしましょう。**通夜や葬儀で特にお世話になった人、隣近所、故人の勤務先が主な伺い先です。**服装は平服の地味なものを心がけ、必要があれば手土産を持参します。場合によっては、先方のご都合を聞いてから伺うほうが無難です。

また菩提寺《ぼだいじ》へのお礼も忘れてはいけません。葬儀の翌日か翌々日までにはあいさつし、お布施を渡し（実際は葬儀後に渡すことが多くなっている）て、四十九日法要（↓P124）や納骨（↓P142）の相談をしておきましょう。

香典返し

香典返しとは、本来は忌明《きあ》け（四十九日）を待って、いただいた香典の金額の3割〜5割程度（半返し）の品物にあいさつ状を添えて送るものでした。しかし**近年は「即日返し（↓P64）」といわれる葬儀当日の一律返礼で、3000円ぐらいのギフト品（またはカタログギフト）を会葬礼状とともに渡すことが多くなっています。**これはいただいた香典の金額がおおよそ1万円以内の対応と考え、香典がそれ以上の金額の場合は、後日また改めて返礼する必要があります。

また、供花や供物、弔電・弔辞をいただいた方には、香典返しのあいさつ状に一言追記し、即日返しを済ませてしまっている場合は、改めてお礼状を出すこともあります。

あいさつ回りをする人とその対応

◎葬儀で特に世話になった人

葬儀の相談に乗ってもらった人や、葬儀当日にお世話になった人にはていねいにお礼を述べ、菓子折りなどを渡す。

◎故人の勤務先

電話をしてから出向くこと。事前に死亡退職届や遺族厚生年金、退職金などの各種手続きについて問い合わせ、当日、必要な書類を確認。印鑑を持参すること。お礼の品は不要だが、上司や葬儀でお世話になった人にお礼を述べる。最後に机やロッカーを整理して私物を持ち帰る。

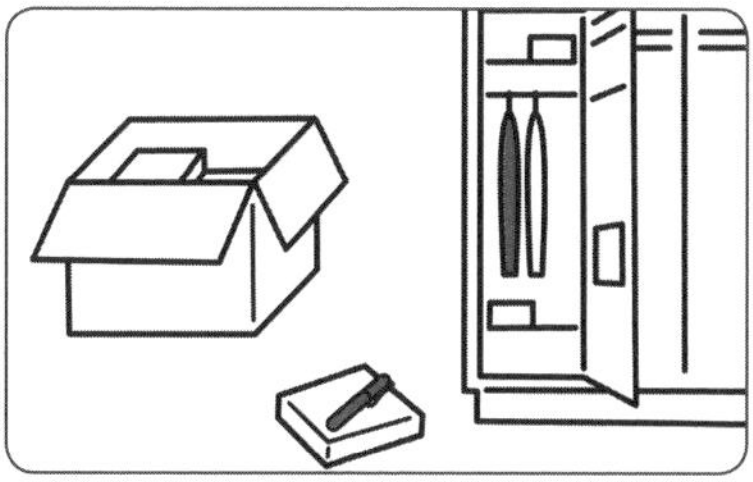

◎隣近所

自宅で葬儀をした場合など、人や車の出入りで迷惑をかけたお詫びと、お世話になったお礼を述べる。タオルや石鹸、菓子折りなどを渡すのが一般的。

◎菩提寺

近年は葬儀当日に今後の対応を相談し、お布施やお車代を渡すことが多くなっている。しかし付き合いの深い菩提寺の場合は、やはりあいさつに伺って葬儀のお礼を述べておくほうがよい。また服装は、礼装か準礼装などが望ましい。

香典返しのあいさつ状文面例

香典返しにはあいさつ状を添え、改めて会葬のお礼などを記します。供花や供物、弔電・弔辞をいただいた方には、霊前に飾った報告をする形でお礼を追記しましょう。

❶会葬のお礼
❷納骨などの報告
❸書面でお礼をすることのお詫び
❹お礼の品を贈ること

拝啓
先般は 亡母〇〇儀の葬送にあたりご丁重なるご厚志を賜りましたこと、心よりお礼申し上げます。❶
おかげさまで〇〇日忌も過ぎ、菩提寺にて納骨も相済ませました。これもひとえに皆様方とのご厚誼をいただきましたおかげです。❷
本来ならば拝眉の上、御礼申し上げるのが本意ではございますが、略儀ながら書中をもって謹んでご挨拶申し上げます。❸
またつたないご返礼で申し訳ございませんが、ご受納いただければ幸甚でございます。今後とも何卒よろしくお願い申し上げます。❹
敬白

令和〇年〇月
喪主 〇〇〇〇
外 近親一同

	窓口	チェック
	市区町村役場	✓
	電力会社（カスタマーセンター及びホームページ）	✓
	市区町村の上下水道事務所	✓
	ガス会社（お客さまセンターなど）	✓
	NHK（フリーダイヤル及びホームページ）	✓
	大家もしくは不動産管理会社	✓
	各保険会社	✓
	運輸局支局・自動車検査登録事務所	✓
	NTT東日本、西日本のホームページまたは電話窓口	✓
	故人の勤務先	✓
	市区町村役場	✓
	市区町村役場	✓
	市区町村役場	✓
	警察署（公安委員会）など	✓
	各発行元	✓
	各都道府県の旅券事務所または市区町村役場	✓
	市区町村役場	✓
	各発行元	✓
	各携帯電話会社やプロバイダ会社	✓
	市区町村役場	✓
	各発行元	✓
	市区町村役場	✓
	健康保険組合、協会けんぽなど	✓
	各保険会社	✓
	郵便局	✓
	労働基準監督署	✓
	市区町村役場	✓
	故人の勤務先の健康保険組合または勤務先を管轄する年金事務所	✓
	労働基準監督署	✓
	税務署	✓

3 葬儀後の事務手続き一覧表

葬儀が終わってひと段落したいところですが、まだ各種の事務手続きがあります。ひとつずつ確認して効率よく進めていきましょう。

手続きの内容			期限
名義変更	世帯主変更届(故人が世帯主だった場合)(→P94)		死亡日から14日以内
	公共料金(→P112)	電気	すみやかに
		上下水道	すみやかに
		ガス	すみやかに
		NHK受信料	すみやかに
	住宅賃貸契約(→P112)		すみやかに
	保険契約(故人が契約者で、故人以外が被保険者の場合)		すみやかに
	自家用車(→P181)		遺産分割後すみやかに
	電話加入権(NTT固定電話)(→P181)		遺産分割後すみやかに
返却	保険証(→P96)	健康保険証	資格喪失日から5日以内
		国民健康保険証	資格喪失日から14日以内
		後期高齢者医療被保険者証	すみやかに
		介護被保険者証	すみやかに
	運転免許証(→P112)		すみやかに
	そのほかの免許(調理師免許など)(→P112)		すみやかに
	パスポート(→P112)		すみやかに
	公共機関の発行物(老人優待パスなど)		すみやかに
解約・停止	クレジットカード(→P112)		すみやかに
	携帯電話・インターネット契約(→P112)		すみやかに
	印鑑登録証明書(死亡届受理後、自動的に抹消)(→P112)		すみやかに
	民間の会員証(スポーツクラブやデパート)(→P112)		すみやかに
請求	高額療養費(→P114)	国民健康保険・後期高齢者医療	診療を受けた翌月1日から2年以内
		健康保険給付	診療を受けた翌月1日から2年以内
	死亡保険金(→P110)	生命保険	死後3年以内
		簡易生命保険	死後5年以内
	労災保険の補償(遺族補償給付など)		死亡の翌日から5年以内
	葬祭費(→P106)	国民健康保険・後期高齢者医療	葬儀を行った翌日から2年以内
	埋葬料(→P106)	健康保険給付	死亡日の翌日から2年以内
	葬祭料・葬祭給付(→P106)	労災保険が適用される場合	死亡日の翌日から2年以内
そのほか	準確定申告(→P116)		死亡を知った日の翌日から4か月以内

4

世帯主変更の手続き

死後14日以内

亡くなった人が世帯主であれば、死亡から14日以内に世帯主変更の手続きを行う必要があります。

世帯主の変更

故人が世帯主の場合は年金や保険の機能が停止しますので、放置することはできません。死後14日以内に「世帯主変更届」を役所に提出する必要があります。ただし、**残された世帯員が妻ひとり、または妻と小学生の子どもひとりであるような場合は、自動的に妻が世帯主になるので、この手続きは必要ありません**。しかし、たとえば残された世帯員が妻と15歳以上の子どもの場合や、故人の姉や弟である場合、誰が世帯主になってもいいので、変更届が必要になります。

届け出は、市区町村役場の窓口に届け人の印鑑、国民健康保険加入者は保険証、届け人の本人確認書類（免許証・マイナンバーカードなど）が必要です。できれば死亡届（→P32）を提出する際に合わせてしておくとよいでしょう。

手続きをする人

世帯主の変更手続きなどを行う人に決まりはありません。**一般的に同居の親族がすることが多い**のですが、それ以外の人（同居していない親族や後見人など）が代行する場合、いろいろな証明書を取得するために原則として「委任状（→左ページ）」が必要になります。また故人との続柄を確認できる戸籍などの証明書も必要になることがあるので、あらかじめ市区町村役場に電話で問い合わせをし、準備してから窓口に出かけることをおすすめします。

委任状の記入例

「委任状」の書式は自治体によって異なります。ホームページからダウンロードできるところも多くなっていますので、居住している市区町村役場の窓口に行く前に参考にしてください。

委任状

新宿区長殿　　　　　　　　　令和●年●月●日

（代理人）
住所　東京都新宿区下落合1-2-3
氏名　鈴木 五郎
生年月日　昭和28年3月7日

住所、氏名、生年月日のほか連絡先を記入する場合もある。

上記の者に、下記の権限を委任します。

記

1. 故大泉太郎の除住民票の写し1通の取得に関する件
2. 故大泉太郎の死亡の記載のある戸籍謄本1通の取得に関する件

証明書の種類と枚数、委任する内容を具体的に記載する。

令和●年●月●日

（委任者）
住所　東京都新宿区矢来町6
氏名　大泉 花子
生年月日　昭和22年3月5日

氏名は自著すること。

※書式は自治体によって異なります。

世帯主変更時に返却しておくべきもの

故人の保有していたもので、役所に返却しなければならないものがあります。死亡届の提出時や世帯主の変更時に一緒に返却しましょう。

- **介護保険被保険者証（介護保険サービスを受けていた人。このとき介護保険料の精算があるので、認印や家族の口座番号が確認できる通帳のコピーなども持参しておくとよい）。**
- **障害者手帳（身体・精神・療養）**
- **福祉医療費受給者証（給付を受けている対象者はこれを返却する。その際、福祉医療費の精算や受給のため、認印や家族の口座番号がわかるもの、本人確認ができるものを持参するとよい）。**

Q A

マイナンバーカードはどうすればよい？

市区町村役場に死亡届を提出すると、マイナンバーカードや通知カード、印鑑登録証などは自動的に失効します。そのため返却しても遺族が破棄してもよいものです。はさみを入れて十分に細かく裁断し、注意して破棄しましょう。そのほかにもカード類は多々ありますが、悪用されないようにその処分方法については各機関に問い合わせしましょう。

5

健康保険の手続き

資格喪失日から14日以内

国民健康保険証は、世帯主が亡くなったときは家族全員差し替え、世帯主以外の人が亡くなったときは返却が必要になります。

世帯主が亡くなった場合

自営業者などの世帯主が亡くなった場合、家族全員の国民健康保険証の差し替えが必要になります。故人が持っていた保険証でどの健康保険に加入していたかわかります。老齢年金の受給世代であれば、国民健康保険か後期高齢者医療制度が主な健康保険の種類に加入しているはずです。**原則14日以内に居住している市区町村役場の窓口に返却します**。また同時に保険料の納付義務が世帯主になっているので「国民健康保険資格喪失届」を提出し、その保険証を持つ家族全員の保険証を返却します。「死亡届(→P32)」の提出と、住民票の世帯主が変更(→P94)されると、遺族分の新しい保険証が発行されます。

故人が会社員や公務員だった場合は、会社が手続きを代行してくれるはずですので、故人が勤めていた勤務先に確認しましょう。なお、故人が協会けんぽなどの加入者で、遺族がその扶養家族だった場合は、被保険者の死亡によって扶養家族も資格がなくなりますので、新たに国民健康保険などに加入することになります。

世帯主以外の場合

亡くなった人が世帯主でない場合は、**その故人の国民健康保険証を返却することになります**。ちなみに後期高齢者医療の保険者証は個人個人が所有するものなので、世帯主かどうかに関係なく、所有者が亡くなった場合は返却が必要です。

健康保険の手続きについて

保険の種類	期限	窓口	必要なもの
国民健康保険証の返納と差し替え	資格喪失日から14日以内	市区町村役場	・国民健康保険証（家族全員のもの） ・届出人の印鑑
健康保険証（会社員・公務員など）の返納手続き	資格喪失日から5日以内	勤務先だった会社	会社が代行してくれるが、その後の必要書類は会社に確認。
国民健康保険への加入手続き*	資格喪失日から14日以内	市区町村役場	・届出人の印鑑 ・健康保険の資格喪失証明書

＊健康保険の扶養者であった人は手続きが必要。

国民健康保険資格喪失届の記入例

「国民健康保険資格喪失届」の書式は自治体によって異なります。ホームページからダウンロードできるところも多くなっていますので、居住している市区町村役場の窓口に行く前に確認してみましょう。

国民健康保険資格喪失届

(提出先) 足立区長

届出年月日　2020年　10月　5日

太線の中だけ記入して下さい。

世帯主	氏名 大泉太郎	届出人	氏名 ※世帯主の方は省略できます 大泉花子 世帯主との関係（　妻　）
住所	足立区　本町1－2－3 電話 03-1234-5678		

喪失する人	氏名	生年月日	世帯主との続柄
1	大泉太郎	(昭)平令　20年　6月　8日	本人
2	大泉花子	(昭)平令　22年　3月　5日	妻
3		昭平令　年　月　日	
4		昭平令　年　月　日	
5		昭平令　年　月　日	
6		昭平令　年　月　日	

誓約書

紛失・その他（　　　　）のため、保険証を返還できませんが、後日発見したときは、その保険証を使用せず、必ず返還します。国民健康保険の資格喪失後、保険証を使用した場合は、その分の医療費をお返しします。

保険証未返還者氏名			

※書式は自治体によって異なります。

6

年金受給停止の手続き

国民年金は死亡後14日以内、厚生年金は10日以内

故人が国民年金や厚生年金を受けていたら、できるだけ早く受給を停止する手続きを行いましょう。

故人の年金の停止

故人が年金を受給していた場合、**国民年金なら原則として死亡後14日以内、厚生年金なら10日以内に停止手続きを行う必要があります。**一般的な手続きについては以下の流れで行うとスムーズです。

まず故人の基礎年金番号、配偶者がいればその配偶者の基礎年金番号を準備して「ねんきんダイヤル（→左ページ）」に連絡をします。ここで故人の死亡日と電話している本人との続柄を伝えれば、年金番号から加入状況を調べ、「年金受給権者死亡届（→P100）」の提出と、それにともなう必要書類などを教えてもらえます。

こうした手続きは郵送だけで済む場合もありますが、遺族年金や寡婦《かふ》年金（→P102）などが発生する場合もあるため、年金事務所での相談日を予約することになります。相談場所は居住地の事務所である必要はなく、日本全国どの年金事務所でも対応してもらえます。

未支給年金について

年金は2か月に一度の支給なので、故人が前回年金を受け取ってから亡くなる月までの分が未払いの可能性があります。その場合は受給停止の手続きと同時に「未支給年金請求書（→P101）」を提出します。

ただし**受給できるのは、故人と生計を共にしていた人**で、優先順位は配偶者、子、父母、孫、祖父母、兄弟姉妹、前記以外の三親等内の親族の順です。

故人の年金に関する手続き

年金制度には細かい条件などがあって複雑なので、まずは「ねんきんダイヤル」に電話相談することをおすすめします。

ねんきんダイヤル

ナビダイヤル
☎0570-05-1165

050で始まる電話でかける場合
☎03-6700-1165

受付時間：	月曜日	午前8時30分～午後7時00分
	火曜～金曜日	午前8時30分～午後5時15分
	第2土曜日	午前9時30分～午後4時00分
	祝日・年末年始は利用不可	

※2021年1月現在

◎未支給年金請求の手続き

●誰が
故人と生計を共にしていた人で、優先順位は配偶者、子、父母、孫、祖父母、兄弟姉妹、前記以外の三親等内の親族の順。

●どこに
故人の居住地の年金事務所または年金相談センター。故人の居住地を管轄する社会保険事務所。

●いつまでに
国民年金は死亡後14日以内、厚生年金は10日以内。

●必要なもの

未支給年金請求書（→P101）	☑
故人の年金証書	☑
故人と請求者の続柄が確認できる書類（戸籍謄本など）	☑
故人と請求者が生計を共にしていたことがわかる書類（故人の住民票（除票）および世帯全員の住民票など）	☑
請求者名義の金融機関の通帳（金融機関から口座の証明を受けた場合は不要）	☑

＊故人と請求者が同一世帯でない場合は「生計同一についての別紙の様式」の添付が必要。

◎年金受給停止の手続き

●誰が
故人と生計を共にしていた人で、優先順位は配偶者、子、父母、孫、祖父母、兄弟姉妹、前記以外の三親等内の親族の順。

●どこに
故人の居住地の年金事務所または年金相談センター。障害基礎年金、遺族基礎年金の場合は市区町村役場の年金担当窓口。

●いつまでに
国民年金は死亡後14日以内、厚生年金は10日以内。

●必要な書類

年金受給権者死亡届（→P100）	☑
故人の年金証書	☑
死亡の事実を明らかにできる書類（戸籍抄本、市区町村役場に提出した死亡診断書のコピーまたは死亡届の記載事項証明書）	☑

＊日本年金機構にマイナンバー（個人番号）が収録されている人は、市区町村役場に死亡届（→P32）を出せば、この手続きは原則として省略できる。

年金受給権者死亡届（報告書）の記入例

日本年金機構のホームページ（https://www.nenkin.go.jp/）から年金の「受給権者死亡届」の書類をダウンロードすることができます。記入例も参照できるので活用しましょう。

故人が複数の年金を受けていた場合は、すべての年金コードを記入する。

届書コード	処理区分コード	届書
8501		

国民年金・厚生年金保険・船員保険・共済年金・年金生活者支援給付金

受給権者死亡届（報告書）

※基礎年金番号（10桁）で届出する場合は左詰めでご記入ください。

死亡した受給権者	❶個人番号（または基礎年金番号）および年金コード	個人番号（または基礎年金番号）：999912345678	年金コード（複数請求する場合は右の欄に記入）：1150
	❷生年月日	明治・大正・(昭和)・平成・令和 12年05月18日	
	㋐（フリガナ）氏名	（氏）大泉《オオイズミ》	（名）太郎《タロウ》
	❸死亡した年月日	昭和・平成・(令和) 02年09月15日	送信

届出者	❹（フリガナ）氏名	（氏）大泉《オオイズミ》	（名）花子《ハナコ》 印	❺続柄：妻	※続柄
	※❻未支給有無		❼郵便番号：168－0011	㋑電話番号：03 － 1234 － 5678	
	❽（フリガナ）住所	※住所コード	新宿《シンジュク》 (区)市町	矢来町《ヤライチョウ》5-1	送信

本人が記入する場合は、押印は不要。

◎　未支給の年金・給付金を請求できない方は、死亡届（報告書）のみ記入してください。

◎　死亡届のみを提出される方の添付書類

1．死亡した受給権者の死亡の事実を明らかにすることができる書類
（個人番号（マイナンバー）が収録されている方については不要です）
・住民票除票（コピー不可）
・戸籍抄本
・死亡診断書（コピー可）　　などのうち、いずれかの書類

2．死亡した受給権者の年金証書
年金証書を添付できない方は、その事由について以下の項目に○印を記入してください。

（事由）

(ア)　廃棄しました。　　　（令和2年　8月　3日）
イ．見つかりませんでした。今後見つけた場合は必ず廃棄します。
ウ．その他（　　　　　　　　　　　　　　　　）

㋕　備　　考

年金証書を添付できない場合は、いずれかに○をつける。

市区町村受付年月日

実施機関等受付年月日

令和　2年　9月　19日　提出

年金事務所記入欄	
※遺族給付同時請求	有（上・記）・無
※未支給請求	有・無

※書式は異なる場合があります。

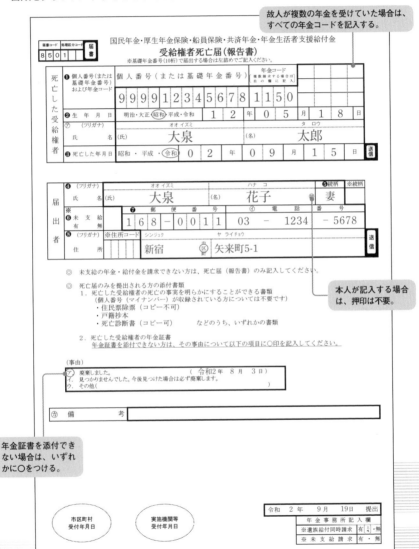

未支給年金請求書の記入例

「未支給年金請求書」も日本年金機構のホームページからダウンロードすることができます。ただし、このほかにも戸籍謄本や住民票など各種書類が必要になります。

国民年金・厚生年金保険・船員保険・共済年金・年金生活者支援給付金

様式第514号

未支給年金・未支払給付金請求書

二次元コード

※基礎年金番号(10桁)で届出する場合は左詰めで記入してください。

45	46	48	【職員記入欄】死亡した方が年金生活者支援給付金を受給されていた場合は右欄に☑	☑

死亡された方

死亡した受給権者		
❶ 個人番号(または基礎年金番号)および年金コード	個人番号(または基礎年金番号)	年金コード(複数請求する場合は右の欄に記入)
	9999123456781150	
❷ 生年月日	明治・大正・(昭和)・平成・令和 1 2 年 0 5 月 1 8 日	
㋐ (フリガナ) 氏名	(氏) 大泉《オオイズミ》	(名) 太郎《タロウ》
❸ 死亡した年月日	昭和・平成・(令和) 0 2 年 0 9 月 1 5 日	

◆ 死亡した方が厚生年金保険・船員保険・統合共済の年金以外に共済組合等で支給する共済年金も受給していた場合、あわせて共済の未支給年金(未済の給付)の請求を希望しますか。※共済年金と国民(基礎)年金のみ受けている方は、別途共済組合等に請求が必要です。 はい・いいえ

請求される方

請求者			
❹ (フリガナ) 氏名	(氏) 大泉《オオイズミ》	(名) 花子《ハナコ》 ㊞	❺続柄 妻 / ※続柄
❼ 郵便番号	168-0011	㋑ 電話番号	03 - 1234 - 5678
❽ (フリガナ) 住所	※住所コード	新宿《シンジュク》 市(区)町村	矢来町《ヤライチョウ》5-1
個人番号	123456789012	←請求される方の個人番号(マイナンバー)をご記入ください。	
㋒ 年金受取機関 (1.)金融機関(ゆうちょ銀行を除く) 2. ゆうちょ銀行(郵便局)	(フリガナ) 口座名義人氏名	大泉花子《オオイズミハナコ》	

年金送金先					
金融機関	金融機関コード ※	支店コード ※	(フリガナ) 日本《ニホン》 (銀行)・金庫・信組・信連・農協・漁協・信漁連	(フリガナ) 新宿《シンジュク》 本店・(支店)・出張所・本所・支所	預金種別 (1)普通 2.当座 / 口座番号(左詰めで記入) 0123456
ゆうちょ銀行	貯金通帳の口座番号 記号(左詰めで記入) —	番号(右詰で記入)	支払局コード ※	金融機関またはゆうちょ銀行の証明※ 請求者の氏名フリガナと口座名義人氏名フリガナが同じであることを確認してください。 印	

㋓ 受給権者の死亡当時、受給権者と生計を同じくしていた次のような人がいましたか。

配偶者	子	父母	孫	祖父母	兄弟姉妹	その他3親等内の親族
(いる)・いない	(いる)・いない	いる・(いない)	いる・(いない)	いる・(いない)	いる・(いない)	いる・(いない)

㋔ 死亡した方が三共済(JR、NTT、JT)・農林共済年金に関する共済年金を受けていた場合に記入してください。
死亡者からみて、あなたは相続人ですか。(相続人の場合には、続柄についても記入してください。) はい・いいえ (続柄)

㋕ 備考

請求される方で、別世帯の配偶者または子の場合

㋖ 別世帯となっていることについての理由書

次の理由により、住民票上、世帯が別となっているが、受給権者の死亡当時、その者と生計を同じくしていたことを申し立てます。(該当の理由に○印をつけてください。)

請求書氏名 ㊞

理由
1. 受給権者の死亡当時、同じ住所に二世帯で住んでいたため。(請求者が配偶者または子である場合であって、住民票上、世帯が別であったが、住所が同じであったとき。)
2. 受給権者の死亡当時は、同じ世帯であったが、世帯主の死亡により、世帯主が変更されたため。

死亡した受給権者と請求者の住所が住民票上異なっているが、生計を同じくしていた場合は「別居していることについての理由書」などが必要となります。用紙が必要な方は「ねんきんダイヤル」またはお近くの年金事務所などにお問い合わせください。

詳しくは5ページの「生計同一に関する添付書類一覧表」をご覧ください。

市区町村受付年月日

実施機関等受付年月日

令和 2 年 9 月 19 日 提出

年金事務所記入欄	
※遺族給付同時請求	有(上外)・無
※死亡届の添付	有・無

◎「記入上の注意」などをよく読んでからご記入ください。
◎個人番号または基礎年金番号・年金コードが不明なときは、年金事務所の窓口でご相談ください。
◎「※」印欄は、記入しないでください。

3

預貯金通帳またはそのコピーがあれば、口座証明は不要。

住民票上では異なるが生計を同じくしていた場合は、その理由書などが必要になる。

※書式は異なる場合があります。

第3章 葬儀後の手続き

7

遺族年金について

死亡日の翌日から
2年／5年以内

公的年金加入者の遺族に給付されるものが遺族年金です。故人が加入していた年金によって、受給できる遺族年金は異なります。

遺族年金とは

国民年金や厚生年金など公的年金加入者の死亡により、遺族に給付される年金を「遺族年金」と呼びます。遺族が受給できる年金の種類は、故人が加入していた年金によって異なりますが、大きく分けて次の2つになります。

❶**遺族基礎年金**…故人が国民年金のみに加入していた場合に受給できる可能性がある年金。

❷**遺族厚生年金**…故人が厚生年金に加入していた場合に受給できる可能性がある年金。条件によっては、遺族基礎年金や中高齢寡婦《かふ》加算で支給額が増額されることがあります。

ただし、**遺族年金はすべての遺族が無条件に受け取れるわけではありません**。故人との関係や年齢、子どもの有無、生計を同じくしていたか、保険料を納めた期間など細かい受給条件があるからです。

また年金を受給できない場合、死亡一時金など別の給付が受け取れる制度もあります。

電話で相談する

「受給できる遺族年金チャート（↓P104）」で紹介していますが、遺族年金の受給条件や支給額の計算は極めて複雑なので、**年金手帳や年金証書を手元に用意し、「ねんきんダイヤル（↓P99）」にまずは電話することをおすすめします**。さらに詳細を知りたければ、最寄りの年金事務所や年金相談センターなどの窓口を予約し、対面での相談を行いましょう。

遺族年金の種類

ねんきんダイヤルでの問い合わせの要点は次の3つです。①誰が亡くなったのか。例:「〇〇保険(年金基礎番号)に加入していた〇〇が亡くなりました」/②故人との続柄。例:「私は〇〇の(妻、子など)です」/③受給できる年金。例:「どのような支給を受けることができるか教えてください」

年金の種類	受給できる年金	期限	窓口
国民年金	遺族基礎年金	死亡日の翌日から5年以内	市区町村役場の年金課
	寡婦年金	死亡日の翌日から5年以内	
	死亡一時金	死亡日の翌日から2年以内	
厚生年金	遺族厚生年金(条件によっては遺族基礎年金・中高齢寡婦加算もあり)	死亡日の翌日から5年以内	年金事務所

◎国民年金の加入者

故人が自営業などを営んでいて国民年金のみの加入者の場合、遺族給付の可能性があるのは遺族基礎年金、寡婦年金、死亡一時金の3つ。ただしすべてを受給できるのではなく選択することになるので注意。

◎厚生年金の加入者

故人が会社員であれば厚生年金に加入していることがほとんど。要件を満たせば遺族は遺族厚生年金を受給できる。また中高齢寡婦加算の制度を使えば、年金が加算されることもある。

Q A

故人が公務員だった場合は?

これまで公務員は共済年金に加入していましたが、平成27年10月に厚生年金制度に統一されました。ただし共済年金についての窓口は、これまで通り、故人が所属していた共済組合となることに注意してください。

受給できる遺族年金チャート

遺族年金の受給条件はとても複雑です。一般的なケースをチャートにして紹介していますが、このほかさまざまな要件があるので、あわせて「ねんきんダイヤル」や年金事務所に相談しましょう。

START
故人の収入によって生計を維持されていましたか?

- はい → 故人はサラリーマン(または公務員)でしたか?
  - いいえ → (左へ)
  - はい → 故人は下記のいずれかに該当しますか?
- いいえ → 故人は国民年金のみの加入でしたか?
  - はい → Aへ(左ページ)
  - いいえ → 該当しません。

故人は下記のいずれかに該当しますか?

①厚生年金に加入しており、在職中だった。
②退職していたが、①のときの病気などが原因で初診日から5年以内に死亡した。
③障害年金(1級、2級)を受けることができた。
④老齢厚生年金の受給資格を満たしていた(原則、年金加入25年以上[国民年金加入期間も含む])。

- いいえ → 該当しません。
- はい → 残された方は下記のいずれかに該当しますか?

残された方は下記のいずれかに該当しますか?

①子*1のある配偶者(夫は55歳以上)
②子*1
③子のない妻または55歳以上の夫
④55歳以上の父母
⑤孫*2
⑥55歳以上の祖父母

- いいえ → 該当しません。
- はい → 遺族厚生年金の対象です。

遺族厚生年金の対象です。
妻は年齢によって加算があります(子のある配偶者または子の遺族基礎年金も受給できます)。

生計を維持

死亡当時に生計を同一し、原則として年収850万円未満の人。また当時850万円以上であっても、おおむね5年以内に年収が850万円未満になると認められる事由(退職など)がある場合は受給できる。

*1　18歳となった年度の3月31日までの子、もしくは障害等級1、2級の20歳未満の子。
*2　18歳となった年度の3月31日までの孫、もしくは障害等級1、2級の20歳未満の孫。

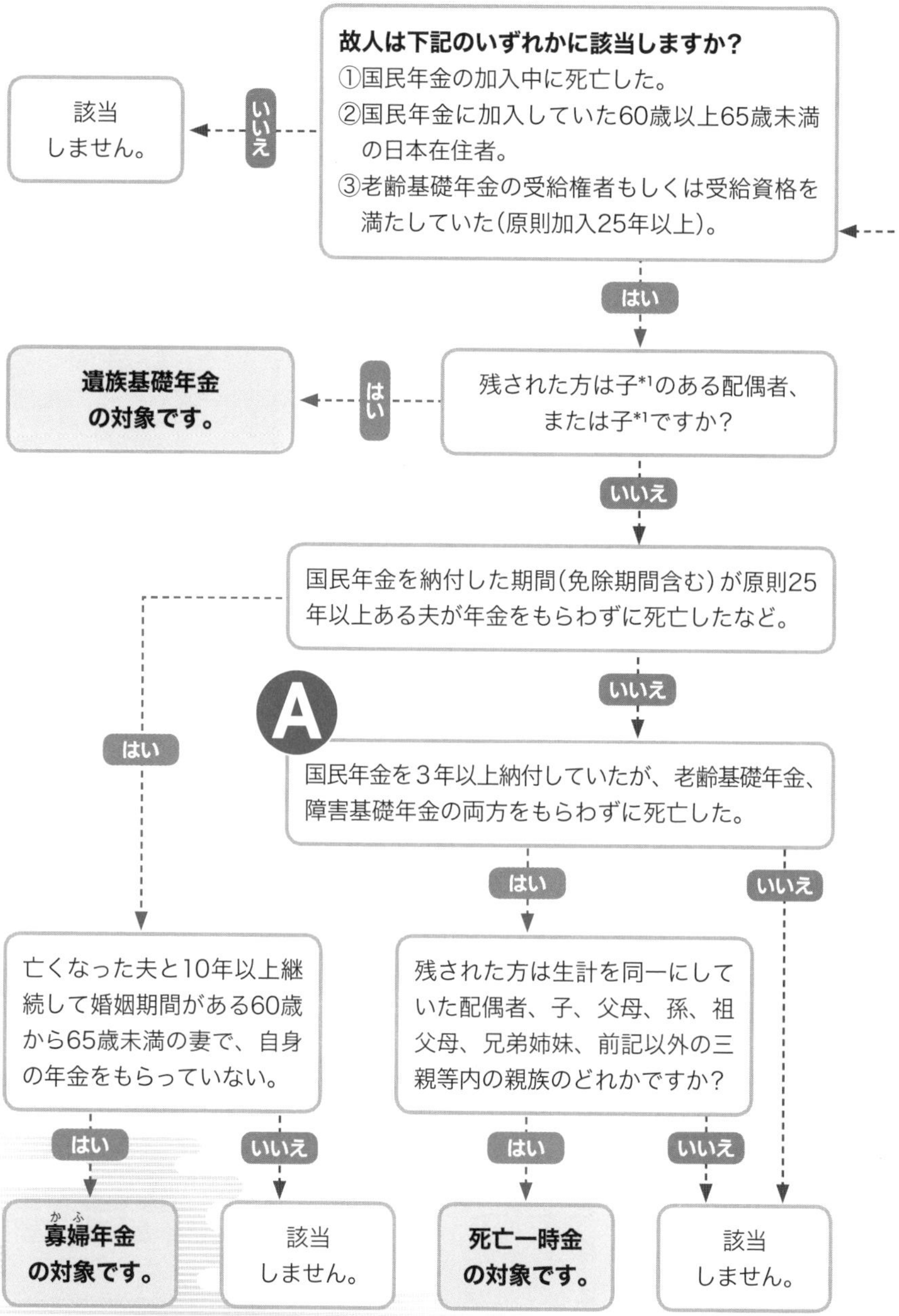
故人は下記のいずれかに該当しますか?
①国民年金の加入中に死亡した。
②国民年金に加入していた60歳以上65歳未満の日本在住者。
③老齢基礎年金の受給権者もしくは受給資格を満たしていた(原則加入25年以上)。
いいえ
該当しません。
はい
残された方は子*1のある配偶者、または子*1ですか?
はい
遺族基礎年金の対象です。
いいえ
国民年金を納付した期間(免除期間含む)が原則25年以上ある夫が年金をもらわずに死亡したなど。
はい
亡くなった夫と10年以上継続して婚姻期間がある60歳から65歳未満の妻で、自身の年金をもらっていない。
はい
寡婦《かふ》年金の対象です。
いいえ
該当しません。
いいえ
A
国民年金を3年以上納付していたが、老齢基礎年金、障害基礎年金の両方をもらわずに死亡した。
はい
残された方は生計を同一にしていた配偶者、子、父母、孫、祖父母、兄弟姉妹、前記以外の三親等内の親族のどれかですか?
はい
死亡一時金の対象です。
いいえ
該当しません。
いいえ
該当しません。

＊公的年金には上記のほかさまざまな要件があるので、このチャートはあくまでも目安として考えてください。

第3章　葬儀後の手続き

8

葬祭費と埋葬料の申請

死後／葬儀後2年以内

葬祭費と埋葬料の補助金は遺族が申請すれば受給できますが、申請の期限があるので注意です。

葬祭費を申請する

国民健康保険の加入者や後期高齢者医療保険制度の被保険者が亡くなった場合、公的な補助金として自治体から支給されるものが「葬祭費」です。名称は各自治体で異なり、金額も3万円～7万円と差があります。手続きとしては、故人の住所地の役場に「葬祭費支給申請書（→左ページ）」を提出します。その際故人の保険証、お葬式をした証明になるものと振込先口座番号や申請者の印鑑が必要です。**この補助金は自動的にもらえるものではなく、遺族が葬儀後2年以内に申請しないと受給できないことに注意しましょう。**

埋葬料を申請する

健康保険（協会けんぽなど）の加入者が亡くなった場合に支給されるのが「埋葬料」で、金額は一律で5万円です。故人の勤務先に連絡をすると、その会社が申請手続きを代行してくれますが、「埋葬料支給申請書（→P108）」や故人の保険証、埋葬証明書や死亡届・死亡診断書のコピー、また葬儀費用の領収書など支払いがわかるものなどを準備する必要があります。また振込先の口座番号や届け人の印鑑も用意します。**埋葬料の申請は死後2年以内と期限があることに注意です。**

そのほか健康保険・共済組合では、その家族（扶養者）の逝去についても「家族埋葬料」の支給が、労災の場合には労災保険の「葬祭給付」もあります。

葬祭費支給申請書の記入例

申請は市区町村役場の国民健康保険課または後期高齢医療課で行います。申請書の名称や書式は各自治体で異なるので、事前に確認しておきましょう。

第３３号様式（第３２条関係）国民健康保険葬祭費支給申請書

被保険者証	記　号	001	番　号	1111	年　月　日
世帯主	住　所	東京都新宿区矢来町６－１			
	氏　名	大泉花子			
死亡者	氏　名	大泉太郎			
	生年月日	昭和20年　6　月　8　日			
死亡年月日		令和2年　9　月　15　日			
葬祭年月日		令和2年　9　月　20　日			
葬祭を行う者と死亡者との続柄		妻			
支給申請額		金　５０，０００円			
次の金融機関に振り込んでください。					
振込先	金融機関名	○○ 銀行 信用金庫 信用組合 協同組合	×× 支店（店番　）		
	口座番号	(普通) 当座 貯蓄	1234567	フリガナ / 口座名義人	オオ イズミ ハナ コ / 大泉花子

上記のとおり支給を受けたいので、申請します。

令和2年　10　月　8　日

〒　〒123-4567

住　所　東京都新宿区矢来町６－１

申請者（喪主）　氏　名　大泉花子　（押印省略）

電　話　03　（1234）5678

[redacted]市長　あて

※亡くなった人と喪主が別世帯の場合、申請者が喪主であることの確認がとれる資料を添付してください。

確認資料
□　領収書　会葬礼状（いずれか一つ）　□　委任状

※書式は自治体によって異なります。

埋葬料支給申請書の記入例

埋葬料の申請（2枚）は、故人の勤務先の健康保険組合か勤務先を管轄する年金事務所になります。手続きは勤務先が代行してくれるはずですので、確認の電話をかけましょう。

健康保険 被保険者 家族 埋葬料（費）支給申請書　1 2 ページ　被保険者記入用　埋

記入方法および添付書類等については、「健康保険 被保険者 家族 埋葬料（費）支給申請書 記入の手引き」をご確認ください。

申請書は、楷書で枠内に丁寧にご記入ください。　記入見本 0 1 2 3 4 5 6 7 8 9 ア イ ウ

被保険者情報※

項目	記入内容
被保険者証の（左づめ）	記号 2 1 7 0 0 0 2 3　番号 2 1
生年月日	1（1.昭和 2.平成 3.令和）　年 2 2　月 0 3　日 0 5
氏名・印	（フリガナ）オオ イズミ ハナ コ 大泉 花子　印 自署の場合は押印を省略できます。
住所	〒 1 2 3 4 5 6 7　東京 都道府県 新宿区矢来町6-1
電話番号（日中の連絡先）※ハイフン除く	TEL 0 3 1 2 3 4 5 6 7 8

振込先指定口座※

項目	記入内容
金融機関名称	○○　銀行（○）金庫 信組 農協 漁協 その他（　）　××　本店 支店（○） 代理店 出張所 本店営業部 本所 支所
預金種別	1（1. 普通 3. 別段 2. 当座 4. 通知）
口座番号	1 2 3 4 5 6 7　左づめでご記入ください。
口座名義	▼カタカナ（姓と名の間は1マス空けてご記入ください。濁点（゛）、半濁点（゜）は1字としてご記入ください。） オ オ イ ス ゛ ミ ハ ナ コ
口座名義の区分	1. 被保険者（申請者） 2. 代理人

「2」の場合は必ず記入・押印ください。（押印省略不可）

受取代理人の欄

項目	記入内容
被保険者（申請者）	本申請に基づく給付金に関する受領を下記の代理人に委任します。　1.平成 2.令和　年 月 日 氏名・印　印 住所 「被保険者情報」の住所と同じ
代理人（口座名義人）	〒　TEL（ハイフン除く） 住所 （フリガナ） 氏名・印　印
被保険者（申請者）との関係	

被保険者が亡くなった場合の申請は、申請者の氏名、住所、口座番号を記入する。

「被保険者・事業主記入用」は2ページに続きます。

※ご注意ください

被保険者が亡くなられての申請の場合、「被保険者証の記号・番号」と「生年月日」は被保険者の情報をご記入ください。「氏名・印」、「住所」「電話番号」「振込先指定口座」は実際に申請される方の情報をご記入ください。

被保険者のマイナンバー記載欄
（被保険者証の記号番号を記入した場合は記入不要です）
マイナンバーを記入した場合は、必ず本人確認書類を添付してください。

(2019. 5)

受付日付印

社会保険労務士の提出代行者名記載欄　印

様式番号 6 3 1 1 6 7　協会使用欄 1

全国健康保険協会
協会けんぽ

1 / 2

※書式は自治体によって異なります。

（2枚目）

健康保険 被保険者 家族 埋葬料（費）支給申請書

1 2 ページ

被保険者・事業主記入用

被保険者氏名	大泉太郎

申請内容

死亡年月日		死亡原因	第三者の行為によるものですか
死亡した方の	1 1.平成 2.令和 0 2 0 9 1 5（年 月 日）	脳出血	□はい ☑いいえ「はい」の場合は「第三者行為による傷病届」を提出してください。

●家族（被扶養者）が死亡したための申請であるとき

ご家族の氏名		生年月日	1.昭和 2.平成 3.令和（年 月 日）	被保険者との続柄	

亡くなられた家族は、退職などにより健保組合などが運営する健康保険の資格喪失後に被扶養者の認定を受けた方であって、次のいずれかに当てはまる方ですか。 ①資格喪失後、3か月以内に亡くなられたとき ②資格喪失後、傷病手当金や出産手当金を引き続き受給中に亡くなられたとき ③資格喪失後、②の受給終了後、3か月以内に亡くなられたとき	1. はい 2. いいえ
「はい」の場合、家族が被扶養者認定前に加入していた健康保険の保険者名と記号・番号をご記入ください。	保険者名 記号・番号

●被保険者が死亡したための申請であるとき

被保険者の氏名	大泉太郎	被保険者からみた申請者との身分関係	妻	埋葬した年月日	1.平成 2.令和（年 月 日）
埋葬に要した費用の額	円	法第3条第2項被保険者として支給を受けた時はその金額（調整減額）	円		

亡くなられた方は、退職などによる協会けんぽの被保険者資格の喪失後、家族の被扶養者となった方であって、次のいずれかに当てはまる方ですか。 ①資格喪失後、3か月以内に亡くなられたとき ②資格喪失後、傷病手当金や出産手当金を引き続き受給中に亡くなられたとき ③資格喪失後、②の受給終了後、3か月以内に亡くなられたとき	1. はい 2. いいえ
「はい」の場合、資格喪失後に家族の被扶養者として加入していた健康保険の保険者名と記号・番号をご記入ください。	保険者名 記号・番号

事業主証明欄

	氏名	被保険者・被扶養者の別	死亡年月日
死亡した方の	大泉太郎	(被保険者) 被扶養者	2 1.平成 2.令和 0 2 0 9 1 5（年 月 日）死亡

上記のとおり相違ないことを証明します

2 1.平成 2.令和 0 2 1 0 1 5（年 月 日）

事業所所在地 東京都中央区１－１

事業所名称 ○○株式会社

事業主氏名 健保三郎 印

TEL ※ハイフン除く 0 3 8 7 6 5 4 3 2 1

事業主から証明を受ける。証明が受けられない場合は、死亡したことのわかる書類の添付が必要。

様式番号

6 3 1 2 6 6

全国健康保険協会
協会けんぽ

2／2

※書式は自治体によって異なります。

9

生命保険の手続き

死後3年／5年以内

生命保険はこちらから保険会社に連絡をとり、請求しなければ死亡保険金は受け取れません。

保険金の請求

亡くなった人が生命保険に加入していても、死亡保険金は自動的に支払われるわけではなく、遺族の請求申請が必要になります。

死亡保険金の請求資格期限は死亡の日から3年（簡易生命保険は5年）以内で、手続きは各保険会社（または郵便局）の書式によって異なります。特に死亡診断書は、病院の担当医が発行したものではなく保険会社独自の書式があり、病院に依頼して改めて発行してもらうケースもあります。そのほか生命保険証券、故人の除籍謄本、受取人の戸籍謄本、受取人の印鑑とその印鑑証明などが必要です。万が一、保険金の受取人が複数の場合は、全員の戸籍謄本と印鑑証明が必要になることもあります。

保険金と相続財産

死亡保険金は、契約者（保険料を払う人）、被保険者（保険の対象になる人）、保険金の受取人が誰かによって、相続税・所得税・贈与税のいずれかの課税対象（↓左ページ）になり、税金の金額も変わってきます。なお左ページの事例のうち、**死亡保険金が相続税の課税対象となる場合には、法定相続人を保険金の受取人とすることで、法定相続人×500万円の額までは非課税となります。**

また受け取り方には「一時金型（全額）」「年金型（分割）」「据え置き型」などがあるので、しっかりと考えて申請しましょう。

死亡保険金請求の流れ

❶内容確認

保険証券などで契約している保険の内容をチェックする。故人が家族に知らせずに加入している場合もあるので、遺品整理の際に確認。

❷保険会社に連絡

死亡保険金を受け取る旨、保険会社へ連絡する。被保険者の名前、保険証券番号、故人の死亡日、死因などを伝え、「死亡保険金支払請求書」を送ってもらう。

❸必要書類の提出

保険会社から届いた請求資料に沿って書類を準備して提出する。

❹保険会社による確認

❺保険金の支払い

書類に問題がなければ、通常は書類到着1週間以内に支払われる。

おもな必要書類

- 保険証券
- 死亡保険金支払請求書
- 死亡診断書のコピー
- 故人の除籍抄本または住民票除票
- 受取人の戸籍謄本または抄本
- 受取人の印鑑・印鑑証明書
- 受取人の振込み口座番号

※保険会社によって異なるので確認を。

Q A

受取人がすでに亡くなっている場合は？

受取人が故人よりも先に死亡し、新たに受取人が再指定されないまま契約者が亡くなってしまった場合、遺言や約款の記載にもよりますが、基本的には相続人が保険金を受け取ることになります。

死亡保険金の受取人と税金の種類

死亡保険金の受取人は、所得税、相続税、贈与税のうちいずれかの課税対象になります。どのケースにあてはまるのか、確認してみましょう。

契約者（保険料を払う人）	被保険者（保険の対象になる人）	保険金の受取人	税金の種類
夫	夫	妻または子ども	保険金は妻または子どもの財産になる …**相続税**がかかる
夫	妻または子ども	夫	保険金は夫のものになる …**所得税**がかかる
夫	妻	子ども	保険料の負担者と保険金の受取人が異なると …**贈与税**がかかる

10

公共料金などの解約

死後なるべく早く

故人が利用・使用していたサービスの契約はすみやかに解約・変更手続きを行いましょう。

故人名義の契約

故人がどの会社とどんな契約をしていたのかをまずは確認します。それらは毎月届く請求書や預貯金通帳の履歴から把握できます。電気・水道・ガスなどの公共料金、住居の賃貸契約などはなるべく早く契約者が死亡したことを伝え、解約手続きをしましょう。ただし**同居の家族がそのサービスを使い続ける場合は、名義変更と引き落とし口座の変更が必要になります。**

公的機関発行の証明書については、国民健康保険証などを役場に、運転免許証を警察署に、パスポートは旅券事務所（または役場）に返却します。民間発行のクレジットカードやスポーツクラブの会員証など、会費や使用料が発生するものは発行元に連絡し、解約手続き方法を問い合わせましょう。

銀行口座の凍結

故人の銀行口座は、その名義人が死亡または死亡を知った時点で凍結され、「相続財産」となります。凍結されるとその口座を通じての入出金はできません。また公共料金などの引き落とし、カード決済や定額の自動振り込みなどもすべて停止となるので注意しましょう。ただし**葬儀費用などで支払いに故人の預貯金を充当しなければならない場合、金融機関に相談すると一定金額を便宜的な貸し付けとして、引き出しに応じてくれるところもあります。**預貯金債権の引き出しとして最大１５０万円まで可能です。

公共料金などの解約と名義変更

●賃貸契約：住宅や駐車場の不動産管理会社または大家に連絡する。名義変更では、新たな契約者の住民票や戸籍謄本、所得証明、印鑑証明などが必要になる。

●電気・水道・ガス：名義変更には新たな引き落とし口座が必要になる。解約は電話やインターネットでできる場合も多い。

●固定電話：名義変更には、死亡の事実がわかる資料（死亡診断書のコピーなど）と承継者との相続関係（戸籍謄本など）がわかる書類が必要になる。

●携帯電話：名義変更には相続関係がわかる書類（戸籍謄本など）と承継する人の身分証明書が必要。解約は原則として死亡の事実がわかる資料（死亡診断書のコピーなど）と届出人の身分証明書が必要。

●インターネット：名義変更には相続関係がわかる書類（戸籍謄本など）と承継する人の身分証明書が必要だが、プロバイダーによっては名義変更できない場合もある。解約は原則として死亡の事実がわかる資料（死亡診断書のコピーなど）と届出人の身分証明書が必要。

●クレジットカード：残債があれば原則として相続人が引き継ぐ。

公的証明書の返却

●健康保険証（→P96）：国民健康保険は役場に、健康保険は勤務先に返却するが、未払い分があれば相続人が支払う。

●運転免許証：返納手続きをしなければ更新時に失効するが、警察署に返納するのが望ましい。

●パスポート：旅券事務所か市区町村役場に手続きして使用できないように処理した後、希望すれば返却してもらえる。

●印鑑登録証明書（印鑑カード）：役場で死亡届が受理されると自動的に抹消される。

●住民基本台帳カード：役場で死亡届が受理されると自動的に廃止になる。

●個人番号（マイナンバー）カード／通知カード：役場で死亡届が受理されると自動的に失効する。

預貯金の引き出し手続きの方法

◎ゆうちょ銀行

ゆうちょ銀行にある法定相続人の同意書に、相続人全員が署名して実印を押し、下記の必要書類をそろえて窓口に提出する。

必要書類

- 法定相続人の同意書（相続人全員の署名・実印が必要）
- 手続きをする代表者の認印と本人を証明するもの（運転免許証など）
- 引き出しをしたい預貯金通帳

◎銀行

金融機関によって必要な書類や手続きの手順に多少の違いがあるので、電話や窓口で事前確認をしてから手続きを行うこと。

必要書類

- 故人の戸籍謄本または除籍謄本（法定相続人の範囲がわかるもの）
- 法定相続人全員の戸籍謄本
- 法定相続人全員の印鑑登録証明書と実印押印
- 手続きをする代表者の実印と本人を証明するもの
- 引き出しをしたい預貯金通帳
- 見積書や請求書など葬儀費用がわかる書類

11

高額療養費の払い戻し

診療を受けた翌月1日から2年以内

1か月の医療費の合算が一定の金額を超えた場合、医療費の一部の払い戻しを受けることができます。

高額療養費とは

けがや病気の診療にかかる医療費の自己負担額は、1か月あたりで一定の金額を超えた場合にその超過分の払い戻しを請求することができます。これが「高額療養費」制度です。

自己負担額となる毎月の限度額は年齢や所得によって異なります（↓左ページ参照）ので、市区町村役場などの窓口に問い合わせましょう。

この制度が利用できるのは国民健康保険、健康保険などの公的医療保険の加入者で、被保険者本人が死亡した後でも請求することができます。申請に必要なものは「高額療養費支給申請書」、故人の健康保険証、医療機関の領収書の他、振り込み先の通帳や印鑑などです。

医療費の合算

超過分払い戻しの申請期限は、診療を受けた翌月1日から2年以内なので、期限内であれば死亡後でも可能です。また、一度にかかった医療費が高額療養費の支給対象額に達していなくても、1か月内の複数受診や同一世帯の医療費を合算して限度額を超えれば受給できます。ただし、**保険加入者が70歳未満のときは、2万1000円以上の自己負担のみです**。

さらに、直近の12か月間に3回以上の高額療養費の適用を受けている場合、4回目以降は自己負担額が引き下げられます。この場合の限度額も年齢と所得によって区分されるので注意しましょう。

高額療養費の自己負担限度額について

高額療養費制度は、加入者の年齢(70歳以上または70歳未満)や所得状況に応じて自己負担限度額が異なってきます。この自己負担限度額を超えた分の医療費が払い戻しされます。「高額療養費支給申請書」は、全国健康保険協会(協会けんぽ)のホームページ(https://www.kyoukaikenpo.or.jp)からダウンロードが可能です。

◎70歳未満の場合

所得区分	1か月の自己負担限度額
区分ア(標準報酬月額83万円以上の人)	252,600円＋(総医療費－842,000円)×1%
区分イ(標準報酬月額53万～79万円の人)	167,400円＋(総医療費－558,000円)×1%
区分ウ(標準報酬月額28万～50万円の人)	80,100円＋(総医療費－267,000円)×1%
区分エ(標準報酬月額26万円以下の人)	57,600円
区分オ(低所得者、住民税の非課税者など)	35,400円

※「区分ア」または「区分イ」に当てはまる場合、住民税が非課税であっても標準報酬月額での「区分ア」または「区分イ」の該当となる。

◎70歳以上の場合

<table>
<tr><th rowspan="2"></th><th rowspan="2" colspan="2">適用区分</th><th>外来(個人ごと)</th><th rowspan="2">外来＋入院(世帯ごと)</th></tr>
<tr><th></th></tr>
<tr><td rowspan="3">現役並み</td><td>Ⅲ</td><td>課税所得
690万円以上の方</td><td colspan="2">252,600円＋(医療費－842,000円)×１%
〈多数回140,100円(※２)〉</td></tr>
<tr><td>Ⅱ</td><td>課税所得
380万円以上の方</td><td colspan="2">167,400円＋(医療費－558,000円)×１%
〈多数回93,000円(※２)〉</td></tr>
<tr><td>Ⅰ</td><td>課税所得
145万円以上の方</td><td colspan="2">80,100円＋(医療費－267,000円)×１%
〈多数回44,400円(※２)〉</td></tr>
<tr><td>一般</td><td colspan="2">課税所得
145万円未満の方(※１)</td><td>18,000円
〔年間の上限144,000円〕</td><td>57,600円
〈多数回44,400円(※２)〉</td></tr>
<tr><td rowspan="2">住民税
非課税</td><td>Ⅱ</td><td>住民税
非課税世帯(※３)</td><td rowspan="2">8,000円</td><td>24,600円</td></tr>
<tr><td>Ⅰ</td><td>住民税非課税世帯
(年金収入80万円
以下など)(※３)</td><td>15,000円</td></tr>
</table>

※１：世帯収入の合計額が520万円未満(１人世帯の場合は383万円未満)の場合や、「旧ただし書所得」の合計額が210万円以下の場合も含みます。
※２：過去12か月以内に3回以上、上限額に達した場合は、４回目から「多数回」該当となり、上限額が下がります。
※３：住民税非課税世帯の方については、従来通り限度額適用・標準負担額減額認定証を発行します。

Q A

限度額適用認定証とは？

大きな病気やけがをしたとき、あらかじめ各健康保険の窓口に「限度額適用認定証」の申請をするのもひとつの方法です。交付されたこの認定証を医療機関の窓口に提示することで、医療機関ごとに１か月の支払額が自己負担限度額までとなります。

12 準確定申告をする

死亡を知った翌日から4か月以内

故人の確定申告は、遺族が代わりに故人の住民票のある地域の税務署に提出します。

故人の確定申告をする

故人が自営業者だったり不動産での家賃収入があった場合、所得税の確定申告が必要になります(左ページ参照)。故人の確定申告を遺族(相続人)が代わりに行うことを「準確定申告」と言います。

故人が会社員であれば勤務先で年末調整が行われるので、基本的に確定申告の必要はありません。ただし年収が**2000万円以上の場合や、2か所以上から給与を受けていた場合などは申告が必要です**。また通常の確定申告と同様に、医療費や社会保険料、生命保険料などの控除があります。医療費控除については、左ページを参考にして計算してみてください。

申告・納税の方法

故人が亡くなった年の1月1日から死亡日までの所得を計算します(1月1日から3月15日までに死亡した場合は前年分の確定申告も行う)。**申告先は故人の住所地の税務署で、死亡を知った翌日から4か月以内が期限となります**。申告期限を過ぎると、加算税や延滞税がかかるので注意です。

準確定申告は法定相続人が行いますが、相続人が2人以上いる場合は、全員が連名で同一の書類で提出します。所得税を支払うのも相続人で、複数人いる場合は相続分に応じた割合で各人が納めます。なお、納めた税金は相続財産から債務として控除されますが、還付された場合には相続財産になります。

準確定申告が必要なケース

- 個人事業主(自営業)
- 2か所以上から給与を受けていた
- 給与収入で年収が2000万円以上
- 給与収入、公的年金による雑所得以外の所得が20万円以上
- 医療費控除を申請する
- 家賃収入がある
- 住宅借入金特別控除を受けている
- 生命保険や損害保険の一時金や満期金を受け取った
- 土地や建物を売却した

準確定申告で控除の対象になるもの

- 医療費控除
- 社会保険料
- 生命保険料
- 地震保険料
- 配偶者控除(該当者のみ)
- 扶養控除(該当者のみ)
- 障害者控除
- 寡《か》婦《ふ》・寡夫控除
- 基礎控除

医療費控除の計算方法

医療費控除に該当する項目は、治療費や診療費のほか、治療のための医薬品の購入、看護師や保健師などの費用、病院へ通うための通院費なども対象になります。医療費控除の申請は、準確定申告と同時に行います。下記の計算方法を参照してください。

医療費の総額 － **保険などから支給された金額** － **10万円**

医療費の総額：死亡した人の1月1日から死亡日までに支払った医療費。

保険などから支給された金額：払い戻された高額医療費や生命保険、損害保険から補填金が出た場合は支払った医療費から差し引く。

10万円：総所得金額などが200万円未満の人は総所得金額の5％を引く。

＝ **医療費控除額(上限200万円)**

医療費が10万円を超えたときに所得税が一定額控除される。ただし死亡後に支払った費用は対象外。

第3章 葬儀後の手続き

13

死後離婚について

期限なし

配偶者の死後に離婚するためには「姻族関係終了届」が、旧姓に戻るには「復氏届」の提出が必要になります。

死後離婚とは

夫婦のどちらかが亡くなった場合、遺された配偶者と故人との婚姻関係は終了します。しかし死別した配偶者の親族との関係が消滅したわけではありません。この関係を断ち切るための法的な手続きが「死後離婚」です。離婚の背景理由は、配偶者の親の介護負担や義理家族との不和、以前からの夫婦関係の不仲など、さまざまなものがあります。**法的には「姻族関係終了届」を本籍地または住所地の役場に提出します。**この届出には親族の同意などは不要で、自らの意思で行うことが認められています。

旧姓に戻したいとき

姻族関係終了届を提出して死後離婚が認められても、自動的に旧姓に戻るわけではありません。**旧姓に戻るには、市区町村役場の戸籍の窓口に「復氏届」を提出します。**ただし子どもがいる場合で、子の姓も変更する場合は、改めて「子の氏への変更許可」を家庭裁判所へ提出し、許可された後、役場に「入籍届」を出すことになります。

死後離婚や旧姓に戻したとしても、相続人であることには変わりがありませんので、相続財産の返還や遺族年金の受給権利を失うことはありません。ただし**遺族年金については、再婚（事実婚を含む）した場合はその権利がなくなります。**その場合、年金事務所などへ「遺族年金失権届」を提出する必要があります。

「姻族関係終了届」と「復氏届」の記入例

「姻族関係終了届」と「復氏届」のどちらも、本籍地もしくは住所地の市区町村役場に届出します。故人の死亡届の受理後であれば、いつでも提出は可能で、期限はありません。

姻族関係終了届

令和 2 年 11月 5日 届出

長 殿

受理 令和 年 月 日 第 号	発送 令和 年 月 日
送付 令和 年 月 日 第 号	長 印
書類調査 / 戸籍記載 / 記載調査	

（よみかた） 姻族関係を終了させる人の氏名	氏 大泉《おおいずみ》 名 花子《はなこ》 昭和22年 3月 5日生
住所（住民登録をしているところ）	東京都新宿区矢来町6 番地 1号 / 世帯主の氏名 大泉花子
本籍	東京都中央区新川2 番地 3 / 筆頭者の氏名 大泉太郎
死亡した配偶者	氏名 大泉太郎 令和2年 9月 15日死亡 / 本籍 東京都中央区新川2 番地 3 / 筆頭者の氏名 大泉太郎
その他	
届出人署名押印	大泉花子

字訂正 字加入 字削除

届出印

復 氏 届

令和 2 年 11月 5日 届出

長 殿

受理 令和 年 月 日 第 号	発送 令和 年 月 日
送付 令和 年 月 日 第 号	長 印
書類調査 / 戸籍記載 / 記載調査 / 附票 / 住民票 / 通知	

（よみかた） 復氏する人の氏名	氏 大泉《おおいずみ》 名 花子《はなこ》 昭和22年 3月 5日生	
住所（住民登録をしているところ）	東京都新宿区矢来町6 番地 1号 / 世帯主の氏名 大泉花子	
本籍	東京都中央区新川2 番地 3 / 筆頭者の氏名 大泉太郎	
復する氏 父母の氏名 父母との続き柄	氏（よみかた） 鈴木《すずき》	父 鈴木大介 / 母 京子 / 続き柄 □男 ☑女
復氏した後の本籍	☑もとの戸籍にもどる □新しい戸籍をつくる / 東京都港区赤坂5 番地 8 筆頭者の氏名 （よみかた） 鈴木大介	
死亡した配偶者	氏名 大泉太郎 令和2年 9月 15日死亡	
その他		
届出人署名押印	大泉花子 印	

字訂正 字加入 字削除

届出印

住定年月日 ・ ・

日中連絡のとれるところ
電話（ ）
自宅 勤務先 呼出（ 方）

Q A

配偶者が外国人の場合は？

復氏届に提出期限はありませんが、亡くなった配偶者が外国人であった場合は別です。亡くなった日の翌日から3か月以内に復氏届を提出しなければなりません。期限を過ぎると新たに家庭裁判所での許可が必要になります。

※書式は自治体によって異なります。

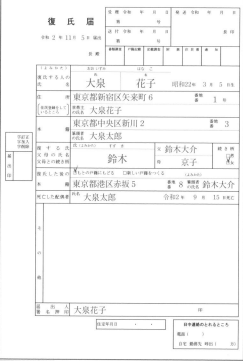

COLUMN

死後の事務手続きを任せるという選択

高齢の夫婦のどちらかが亡くなった場合、遺った配偶者の心理的・身体的負担は大きなものです。手続きを子どもに任せるとしても、同居していればともかく、遠方にいる場合は時間と費用の捻出が問題になります。

このような状況に陥らないように、死後の煩雑な事務手続きを生前から第三者に委ねておく「死《し》後《ご》事《じ》務《む》委《い》任《にん》契《けい》約《やく》」という制度があります。死後に予想される各種の分野を広く踏まえてその手続きを委任しておくもので、身近な親族や知人へお願いすることも可能ですが、やはり司法書士、行政書士などの専門家へ依頼するのが一番確実です。

契約内容としては、たとえば死亡届の提出、戸籍・健康保険・年金関連の手続きなど行政対応だけでなく、お葬式や訃報連絡、納骨にかかわる各種の事務手続きも可能です。また遺品整理や家財道具の処分、医療費の精算手続き、老人ホームの施設利用などに関すること、公共サービスの名義変更や解約などもあります。最近ではインターネット上のブログやSNSなどへの訃報告知や閉鎖・解約などの処置、パソコンのデータ破棄に関することまで委託しておくことができます。

費用については委任する内容の種類、数によって大きく変わります。たとえばある事務所では契約書の作成に10万円、役所への事務諸手続きで約15万円ですが、葬儀や火葬の手配には実費以外に規模によって最低10万円から。納骨、遺品整理まで依頼すれば費用が追加されます。事務所ごとに設定金額がかなり違うので、事前にいくつかの見積もりを取ることをおすすめします。

注意したいのは、遺言書と死後事務委任契約はまったく異なるものだということです。遺言執行者は、遺言で定められた承継についてのみ手続き可能ですが、死後事務委任契約は財産承継以外の項目に関して自由に取り決めることができるので、葬儀社やお寺の指定、ペットの引き取り(→P150)手続きなどを要望する人もいます。金銭的な問題もありますが、逝去後の安心を事前に得るためには、「遺言書＋死後事務委任契約」という２つの公正証書を残すのもひとつの方法と言えるでしょう。

第4章

法要と埋葬、供養

1

法要の時期と回数

忌日ごと、年忌ごと

逝去後の供養行事全体を「法事」と呼びます。その中で特に仏教的な宗教儀礼を要する部分が「法要」です。

忌日法要

「法要」とは、故人をしのび、その冥福を祈るために営む儀式です。僧侶に読経してもらい、参列者の焼香、お墓参りや会食なども含めて法事と呼ばれます。仏教では、亡くなってから7日ごとに行う法要を「忌日《きじつ》法要」、一周忌や三回忌などの祥月《しょうつき》命日(亡くなった月日)に行う法要を「年忌《ねんき》法要」と言います。

一般的に忌日法要は、初七日忌から週ごとに7回、四十九日忌までを「忌中《きちゅう》」として、厳密には7回の法要が営まれます。ただし近年は、初七日法要を繰り上げ初七日法要(→P80)として、葬儀後に続けて行うことが多くなりましたし、そのほかの法要は省略して四十九日法要で「忌明《きあ》け」とするのが一般的です。ちなみに「百か日法要」もありますが、ほとんど営まれていないのが現状です。

年忌法要

年忌法要は、亡くなって1年後の一周忌、2年目に三回忌(以降は数え年で考える)、七回忌、十三回忌、十七回忌、二十三回忌と続き、供養の一区切りと考える「弔《とむら》い上げ」の三十三回忌(宗派によっては五十回忌)まであります。

近年では、一周忌もしくは三回忌までは故人の友人などを招いて比較的大きな法要を行いますが、その後は遺族や親族のみで営みながら、**十三回忌や十七回忌で区切りをつけて法要の規模を縮小することが多くなっています。**

仏教の法要一覧

忌日法要と年忌法要の種類や時期、内容を紹介します。太字の法要は、特に重要とされるものです。年忌の数え方は、一周忌の場合は「満」で数えますが、三回忌以降は亡くなった年を含めた「数え」年で数えます。

◎忌日法要

法要	時期	内容
初七日	死後7日目	近年では、葬儀と同じ日に繰り上げて行うことが多くなっている。
二七日	死後14日目	法要を省略して拝礼だけで済ませることも多い。
三七日	死後21日目	法要を省略して拝礼だけで済ませることも多い。
四七日	死後28日目	法要を省略して拝礼だけで済ませることも多い。
五七日	死後35日目	宗派によっては、五七日忌法要で忌明けとすることもある。
六七日	死後42日目	遺族で供養。読経を省略することも多い。
四十九日(七七日) (→P124)	死後49日目	忌明けとなる重要な法要。遺族や親族のほか、友人なども招いて菩提寺で行うのが一般的。
百か日	死後100日目	遺族で供養。読経を省略することも多い。

◎年忌法要

法要	時期	内容
一周忌	死後1年目	祥月命日に法要を行う。遺族だけでなく友人なども招くことが多い。
三回忌	死後2年目	一周忌または三回忌までは友人を招くことも多い。
七回忌	死後6年目	7回忌以降は、他のご先祖様の法要と併せて行うこともできる。
十三回忌	死後12年目	十三回忌で区切りをつけ、法要の規模を縮小することが多い。
十七回忌	死後16年目	十七回忌で区切りをつけ、法要の規模を縮小することも多い。
二十三回忌	死後22年目	家族のみで行うのが一般的。
二十七回忌	死後26年目	家族のみで行うのが一般的。
三十三回忌	死後32年目	弔い上げとして法要を終えることが多い。
五十回忌	死後49年目	五十回忌で弔い上げとする宗派もある。

2

四十九日法要を行う

死後49日目

死後49日目に行う供養儀礼が四十九日法要です。これをもって忌明けとされる重要な法要です。

忌明け法要

仏教において、死者の魂は49日間はまだこの世にさまよい、この日をもってあの世に旅立つと考えられています。そのため、四十九日法要は法要が簡略化されがちな現代においても重要視され、自宅や菩提寺《ほだいじ》に遺族や親族のほか、故人の友人なども招いて行うことが一般的です。また、**故人の死後49日までは「忌中《きちゅう》」として、遺族は結婚式などの慶事を慎むことが求められます**が、49日をもって「忌明《きあ》け」となることから、忌明け法要とも呼ばれます。

法要の準備

お墓がすでにある場合、四十九日法要と併せて納骨（→P142）も行うのが一般的です。菩提寺で僧侶に読経してもらった後、墓地で納骨を行い、墓前でも読経や焼香をします。法要の終了後に、お斎《とき》と呼ばれる会席を設け、僧侶や参列者をもてなしたり、近所の料理店に行くこともあります。

法要は喪主が主催して行いますが、各方面に気を配った事前の準備が大切です。菩提寺の僧侶と日程などを相談した後、案内状で日時の連絡をし、その後の会食などの有無について十分に通知をしておくことが必要です。また会食に出席する人数の把握と予約、お布施の準備や返礼品の手配なども忘れないようにしましょう。法要の準備内容について左ページで紹介しますので、参考にしてください。

法要の準備チェックリスト

項目	備考	チェック
僧侶にお願いする	法要をお願いし、日取りや読経開始時間などを相談する。	✓
納骨を準備する	霊園や石材店に納骨の件を伝え、墓碑の刻字なども早めに依頼する。	✓
本位牌の準備	葬儀時の「白木位牌」を仏壇用の「本位牌」(→P130)にする。 7〜10日くらい制作にかかるので早めに仏具店に依頼する。	✓
案内状を送付する	出席してもらいたい人へ案内状を出す。出席確認の返信用はがきも同封。	✓
返礼品を用意する	参加人数が決まったら早めに予約しておく。相場は3000〜5000円。	✓
お布施を準備する	事前にお寺にたずねるとよい。目安は5万円前後。お車代なども忘れずに。	✓
会食の手配をする	人数を確認し、料理店などの予約をする。相場は飲みもの込で1名5000円〜。	✓
位牌・遺影・遺骨	当日は自宅から位牌・遺影・遺骨を持って行く。	✓

お弁当を取り寄せ、お寺の庫裏《くり》で会食するケースもある。

法要の案内状の例

謹啓

早春の候、❶ますますご清祥のこととお喜び申し上げます。

さて、このたび父○○の❷四十九日法要を左記日程にて相営みたいと存じます。

ご多用のこととは存じますが、万障お繰り合わせの上、ご参席ご焼香くださいますようお願い申し上げます。

記

❸
一、日時　令和○年○月○日○時より
一、場所　○○寺
　　住所　○○○○○
　　電話　○○○○○

法要後は、粗宴を用意しております。

追伸　会食準備の都合上、❹出席人数を○月○日までに、同封の返信用はがきか電話にてお知らせくださいませ。

また、❺お供物はお心のみ頂戴し、辞退させていただきたくお願い申し上げます。

謹白

令和○年○月○日

住所　○○○○○
電話　○○○○○
施主　○○○○

法要に出席してほしい親族や故人の友人への案内状は、往復はがきなどで出席を確認するのが一般的です。

❶施主《せしゅ》と故人の続柄、故人の名前。
❷法要名を書く。
❸日時と場所を明確に。
❹返信の期日を指定する。
❺供物を辞退するときは、その旨を記載する。

3

遺品整理と形見分け

四十九日後を目安とする

四十九日法要の忌明けを目安として、遺品の整理をします。ポイントは形見分け、処分、保管の3つに分けることです。

遺品を整理する

遺品の整理をするタイミングは特に決まっていませんが、**四十九日法要を済ませた後が目安となります**。ただし故人の住居が賃貸物件だった場合などは、急いで明け渡す必要があり、トランクルームなどにいったん保管するという方法もあります。また遺族が遠方に住んでいたり、整理する人出がなくて難しい場合は、遺品整理業者に委託する方法もありますが、十分信頼できる業者かどうか、しっかり見極めましょう。

遺品の整理をするときのポイントは、**❶形見分けするもの、❷処分するもの、❸保管するもの**の3つに分類することです。故人の住所録や手帳、手紙、日記などは、あとで必要になる場合もあるので保管し、生命保険証書や年金手帳などの書類、実印なども数年間は保管しましょう。

形見分け

遺品の中でも、特に故人の衣服や愛用品などを思い出の品としたい場合があり、「形見分け」という方法で親族や友人などで分けることがあります。形見にはメモリアル的なものと、宝飾品や書画・骨董などの価値の高いものがあります。**金額の大きなものは当然、遺産分割の対象となりますので注意が必要です**。故人の遺言などで渡す人と遺品が決まっていればその遺志を尊重しましょう。また、託された人が固辞した場合には、無理強いしてはいけません。

遺品整理のポイント

遺品の整理は、右記の3つに分類することがポイントになります。仕事関係の書類などについては、会社へ確認または税理士などに相談しましょう。

Q A

デジタルのデータはどうすべき？

携帯電話やPCなど、故人のデジタル機器に保存されたデータやインターネット上の登録情報などが多くあります。また各種連絡先など他者の個人情報、ネットショッピングの決済履歴やクレジットカード、ネットバンキングなどのIDやパスワードなども大変重要なデジタル情報です。放置すると悪用される恐れがあるので、しっかりと消去するか信頼のおける専門業者にデータ消去や破壊処理を委託しましょう。

❶形見分けするもの

故人が生前に愛用していたものや思い出のものなど。ただし使い古してぼろぼろになったものを贈るのは失礼にあたるので注意。

❷処分するもの

どう考えても不要なもの。ただし一見価値のなさそうなコレクション（おもちゃなど）は、一度インターネットなどで確認を。

❸保管するもの

貴重品や実印、預貯金通帳、株式、借用書など遺産となるもの。日記や手帳、手紙などは、遺言書との文字の照合などに必要となる場合があるので1年間は保管する。

形見分けについての注意点

❶相手に合ったものを贈る

相手がその遺品を通して故人を思い出せるものや、好みに合ったものを贈る。汚れがひどかったり、使用できないものを贈らないように注意。

❷包装は不要

プレゼントではないので包装したり箱に入れないこと。包むとしたら奉書紙か半紙などの白い紙で包む程度にする。

❸蔵書や資料、コレクション

図書館などの公的機関や研究機関に寄贈する方法もある。コレクションなども価値を理解してくれる博物館などがある。

❹高価なものは贈らない

あまりに高価なものを贈ると、相続財産として扱われることがあるので注意。親族などでトラブルになることも。

❺目上の人には贈らない

かつては目上の人には形見分けすると失礼にあたるとされていた。最近は希望がある場合は贈ってもかまわない風潮になっている。

4 喪中期間について

死後1年間

故人の命日を入れて1年間を喪中と言います。慣例的には二親等くらいまでですが、世帯環境などで異なります。

忌中と喪中

かつて死は穢《けが》れとされていたため、故人の死後49日間(四十九日法要)が明けるまでは「忌中《きちゅう》」として極力人と会うことを避け、家にこもるとされていました。また「喪中《もちゅう》」とは、故人が亡くなった日を含めて1年の期間のことです。**基本的に一周忌までは祝いごとや社交的な行事への参加を慎みます**。忌中も喪中も、該当する範囲は故人の父母や子(一親等)と故人の祖父母、兄弟姉妹、孫(二親等)までが一般的ですが、同居していたかなど、世帯環境やそれまでの故人との付き合い方にもよります。

ただ、現代では学校生活や社会生活を営むことを優先せざるを得ないため、**学校や会社で定められた忌引き期間をもって普通の生活に戻ることが一般的です**。

喪中時の注意

喪中時の慣例では、年賀状の差し出しは控え、早ければ10月末くらいに「喪中はがき」を出してその旨を伝えます。ただし、**喪中はがきをもって初めて故人の訃報を伝えるようなことは避けましょう**。

またお中元やお歳暮などは社会的な贈答慣例ですので、49日間の忌中期間が明ければ、世間的対応として対処してもよいとされています。結婚式やその他の慶事への出席については、忌中期間は禁忌とされていますが、喪中はその旨を開催される方にお伝えしたうえで了承をいただければかまいません。

喪に服する範囲と忌引き期間

同居していたか、深い親交があったかなどの故人との関係にもよりますが、一般的には二親等までが喪に服する範囲とされます。また、学校や会社の一般的な忌引き期間を紹介します。

◎学校や会社の忌引き期間

	続柄	期間
血族	配偶者	10日間
	父母	7日間
	子ども	5日間
	祖父母	3日間
	兄弟姉妹	3日間
	孫	1日間
	おじ・おば	1日間
姻族	配偶者の父母	3日間
	配偶者の祖父母	1日間
	配偶者の兄弟姉妹	1日間

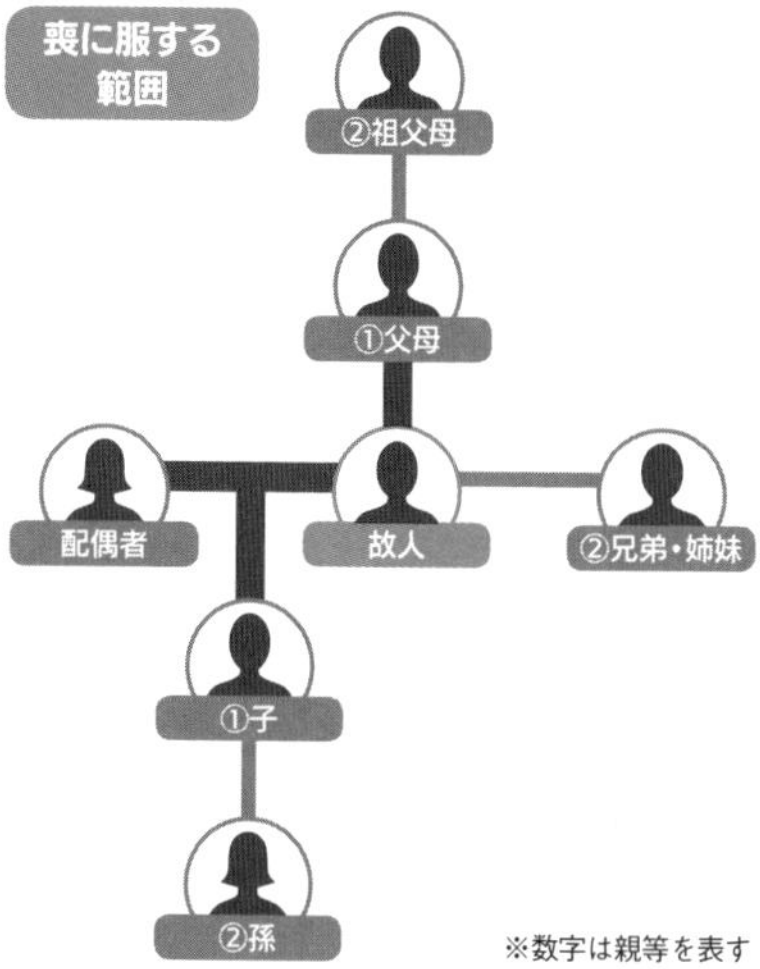

※数字は親等を表す

喪中はがきの記入例

喪中はがきを出す相手は、訃報連絡や事後通知などですでに故人の逝去を知らせていることを前提に、あえて年賀の欠礼とするものです。そのため喪中はがきをもって訃報の連絡にかえることは避けてください。

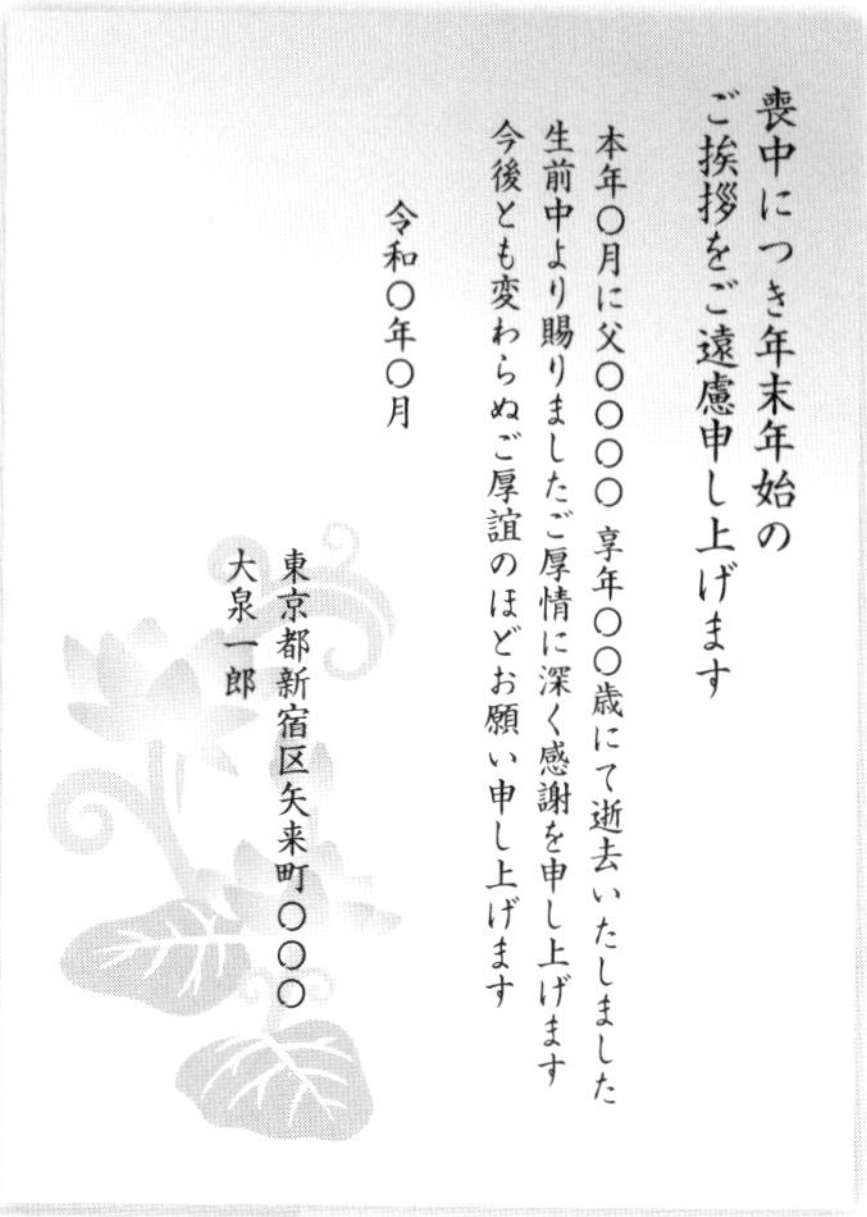
喪中につき年末年始の
ご挨拶をご遠慮申し上げます
本年〇月に父〇〇〇〇 享年〇〇歳にて逝去いたしました
生前中より賜りましたご厚情に深く感謝を申し上げます
今後とも変わらぬご厚誼のほどお願い申し上げます
令和〇年〇月
東京都新宿区矢来町〇〇〇
大泉一郎

Q A

会社の年賀状はどうする？

会社の社長や役員またはその家族が亡くなった場合でも、会社自体が喪中になることはありません。そのため年賀状は出してもかまいません。ただし家族経営の中小企業などは、ビジネスとプライベートがなかなか切り離せないこともあり、年賀を欠礼することもあります。

5

位牌と仏壇を用意する

四十九日法要まで

位牌は故人の霊が宿るものです。仏壇に安置して日々の供養を行いましょう。

位牌をつくる

位牌は故人の名前や戒名《かいみょう》を記した仏具で、故人の魂が宿る「依《よ》り代《しろ》」とされています。そのため位牌を仏壇に安置し、日々の供養を行うようになりました。通夜や葬儀では、白木の仮位牌が用意されますが、**四十九日法要（→P124）までに本位牌を用意する必要があります。**制作には7～10日くらいかかるので、早めに仏具店に依頼しましょう。

故人ひとりでひとつの位牌というのが基本ですが、もし先に配偶者の位牌があれば、改めて連名で制作することも可能です。またほかの物故者の位牌をまとめて「○○家先祖代々霊位」と集約することもあります。

仏壇を用意する

家に仏壇がなく新たに購入する場合は、置く場所に合わせて大きさやデザインを選びます。仏壇は仏間への設置が前提でしたが、最近では家具調のものや壁掛け型、小型の厨子《ずし》など、スペースや部屋の調度になじむものが販売されています。**仏壇に納める仏具に関しては「三具足《みつぐそく》」と呼ばれる香炉、花立て、燭台の3つと、リンなどを最小限は用意しましょう。**

日常ではお水やお花を手向けますが、強制されて行うものではありません。あまり律義に「お勤め」と考えず、無理のないような供養の気持ちで手を合わせるとよいでしょう。

本位牌を制作する

本位牌には伝統的なもの、モダンなもの、連名のものなどさまざまありますが、特に決まりはありません。ただし既に仏壇がある場合は、位牌が収まるサイズに注意して購入しましょう。

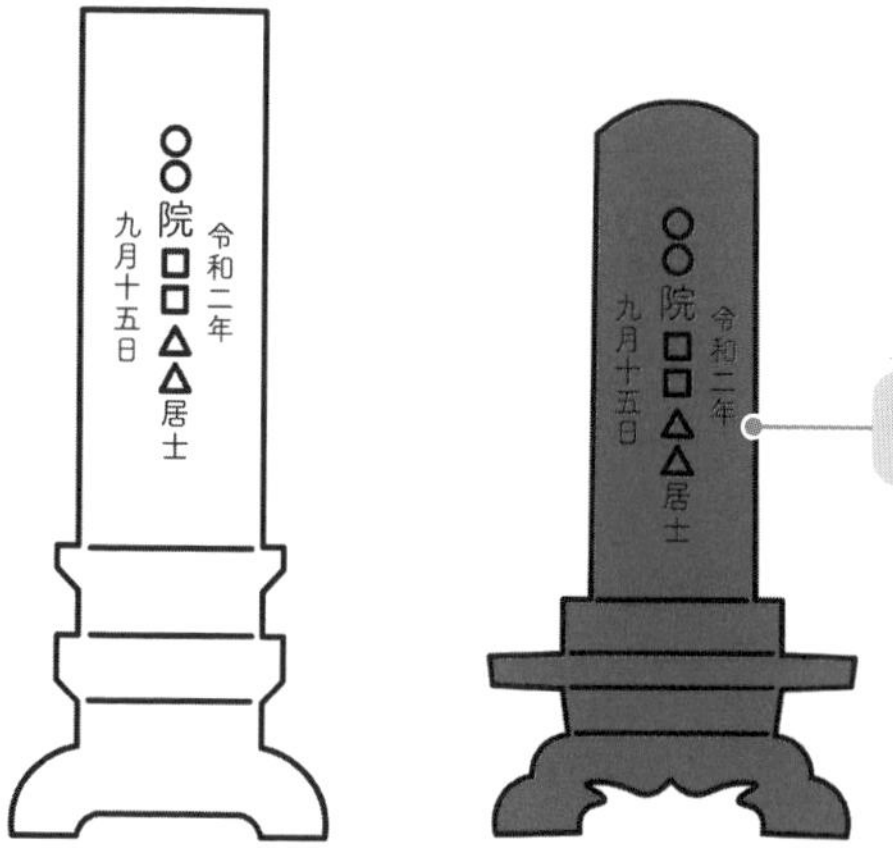

白木位牌

本位牌

表に戒名《かいみょう》と命日、裏に享年などの情報を記す。

Q A

白木の仮位牌は
どうすればいいの？

葬儀で用いた白木位牌は仮の位牌のため、本位牌を仏壇に安置したら菩提寺《ぼだいじ》で焚《た》き上げてもらいましょう。

仏壇のタイプ

住居事情に合わせて仏壇を購入したら、寺院に連絡して開眼《かいげん》法要（仏壇のご本尊や位牌に魂を入れ込む儀式）をしてもらいます。なお仏壇を買いかえる場合は、古い仏壇を寺院か仏具店に頼んでお焚き上げしてもらいましょう。

大型で仏間などに置く台付きのタイプ。

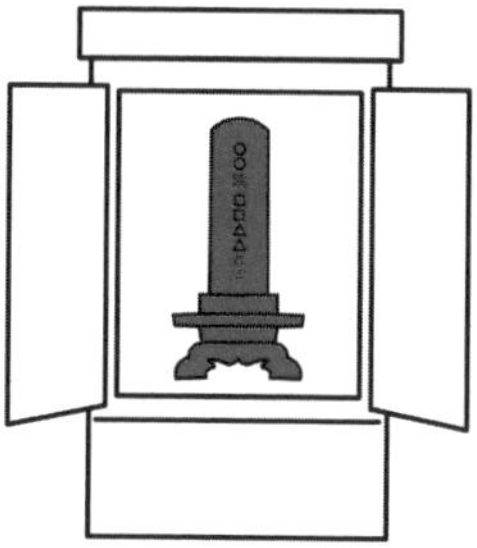

小型で位牌だけを納める厨子タイプ。

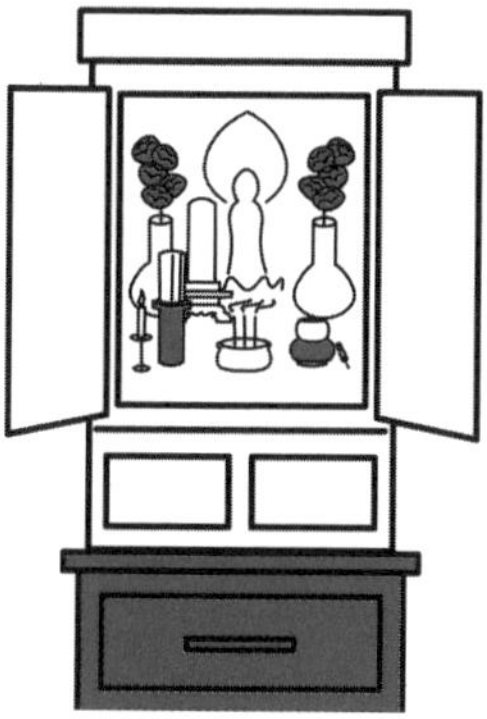

小さめでタンスなどの上に置くタイプ。

6 お墓について

お墓は遺骨の収蔵場所であり供養の場ですが、お墓に対する考え方は時代によって変わってきています。

お墓とは

お墓は故人の遺骨を収め、安置・保管する場所としての施設です。また供養の場であり、**永年にわたって次世代へと受け継がれていくことを前提として建てられています**。また地域によっては、現世を仮の世と考え、死後の安住の住処をお墓に求める慣習もあります。

お墓に対する人びとの考えには、時代の風潮や志向が反映されてきました。武家社会から近代社会に推移するなかで、「○○家代々之墓」などという墓碑銘から、最近では「家族」を中核とした「自分の知っている故人の範囲」を祀《まつ》る意識に変化してきたのです。現代では遠い先祖との血縁を感じる機会が少ないため、たとえば祖父母までを身近な血縁者として供養する形です。

お墓の承継

表現として「お墓を買う」という言葉を使いますが、**実際にお墓は買えません。買えるのは墓石のみで、お墓の土地はあくまで借りるものなのです**。そしてその使用権を承継していくことになります。

またお墓は親から子へ、子から孫へというように、お墓を守っていく承継者がいることが前提でしたが、近年は少子化や核家族化を反映して承継が不要なお墓も増えてきました。とはいえ、お墓を維持して守っていくのは残された家族です。埋葬の期限はないので、故人の希望や子孫のことなどを含めてゆっくりと考えてみましょう。

お墓の種類と特徴

お墓には、承継が必要なお墓と不要なお墓の2種類に大別されますが、それぞれの種類でさらに特徴が分かれたお墓があります。家族や夫婦間で一度お墓について話し合っておくことをおすすめします。

◎承継が必要なお墓

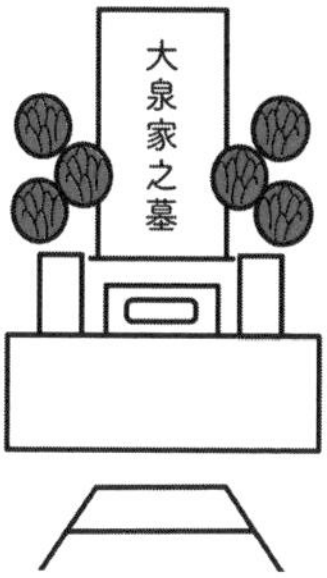

家墓

先祖代々で受け継がれてきたお墓。子孫が承継するのが前提。

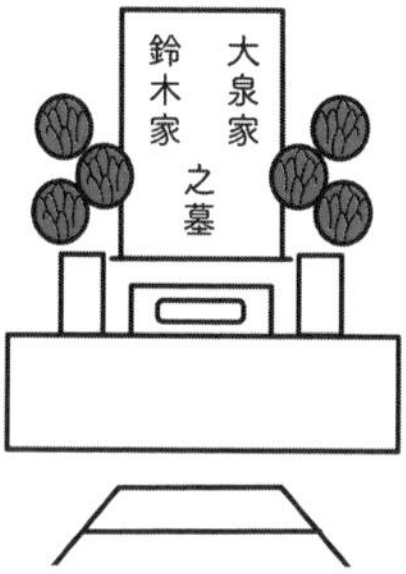

両家墓

一人っ子同士などが結婚した場合に、両家の墓をまとめて承継する。

◎承継が不要なお墓

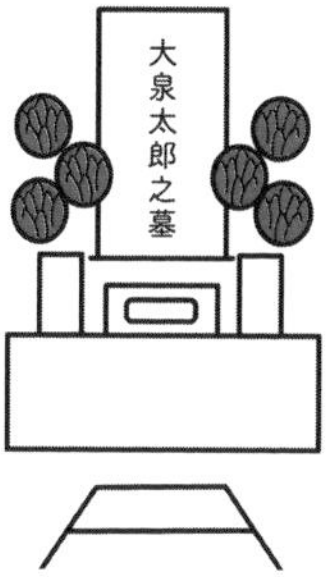

個人墓

独身者などが一代限り個人で入るお墓。永代供養にすることが多い。

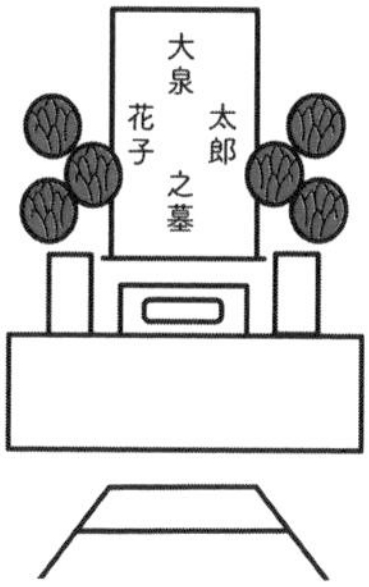

夫婦墓

夫婦2人のみのお墓。子どもがいない場合は永代供養にする。

永代供養墓（合葬墓）

墓所の管理者が供養と管理を行う。1人でも夫婦でも入れる。

共有墓

共通の嗜好や趣味などを共有した有志で建墓され、特定の管理者・供養者がいるお墓。

7 墓地の種類と特徴

墓地には経営形態から大きく3つに分かれますが、それぞれに特徴があるのでしっかりと認識しましょう。

永代使用権

日本では墓地以外の場所に埋葬することは禁じられており、違反すると埋葬法や刑法に問われることもあります。そのため墓地として区画された土地を購入、正確に言えば永代使用権を取得する必要があるのです。この使用権には期限がなく代々引き継ぐことができますが、**承継者がいなかったり管理費を滞納したりした場合は権利を喪失してしまうので注意です。**

またこの使用権は第三者へ譲渡することはできません。

墓地の種類

墓地は、運営母体によって大きく3種類に分けられます。お墓選びのチャート（→P136）とあわせて参考にしてください。

寺院墓地（寺院）…お寺の檀家となることが原則です。承継者がいる前提で、その管理と供養の委託を永年にわたって寺院にお願いをします。また檀家はできる範囲で菩《ぼ》提《だい》寺《じ》を支援する義務があります。

公営墓地（地方自治体）…公営霊園とも呼ばれます。自治体が管理・運営するため宗教・宗派を問わず、比較的安価に購入できます。ただし居住確認や資格制限が設けられていることも多くあります。

民営墓地（公益法人・宗教法人）…霊園とも呼ばれます。宗教・宗派を問わず、資格制限もないところがほとんどですが、やや高額です。また生前でも入手でき、墓石のデザインなどの自由度も高いです。

墓地の種類と特徴

種類	運営母体	メリット	デメリット
寺院墓地	寺院	・日ごろから手厚く供養してもらえる。 ・葬儀や法要にも施設が利用できる。 ・墓地の管理が行き届いている	・同じ宗派に限られ、檀家になる必要がある。 ・寄付やお布施でお寺の運営を助ける義務。 ・石材店選びや墓石のデザインに制限がある。
公営墓地	地方自治体	・運営・管理体制に安心感がある。 ・永代使用料や管理費が比較的安い。 ・宗教・宗派を問わない。	・応募資格が制限されている。 ・抽選の申し込みが必要で競争率が高い。 ・墓石の大きさや形に制限があることも。
民営墓地	公益法人・宗教法人	・宗教・宗派を問わない。 ・資格制限がなくいつでも申し込める。 ・設備の充実と区画・墓石が選択できる。	・永代使用料や管理費が割高。 ・郊外で交通アクセスが不便なところが多い。 ・運営・管理体制に不安がある場合も。

※このほか昔ながらの「共同墓地」もあり、地域住民で管理運用しているところもある。

墓地を下見に行くときのポイント

もし気になる墓地があれば、実際に下見に行くことをおすすめします。ただしパンフレットやインターネットなどで事前に確認しておくべきこともあります。

◎事前準備

- 現住所からの交通アクセス
- 宗教・宗派の制限の有無
- 永代使用料と管理費などの金額
- 永代使用権の取り消し条件

◎当日のチェックポイント

- 最寄駅からのアクセス
- 周囲の環境
- 管理事務所の対応
- 掃除などが行き届いているか
- 駐車場、トイレ、売店などの設備
- 提携している石材店などの情報

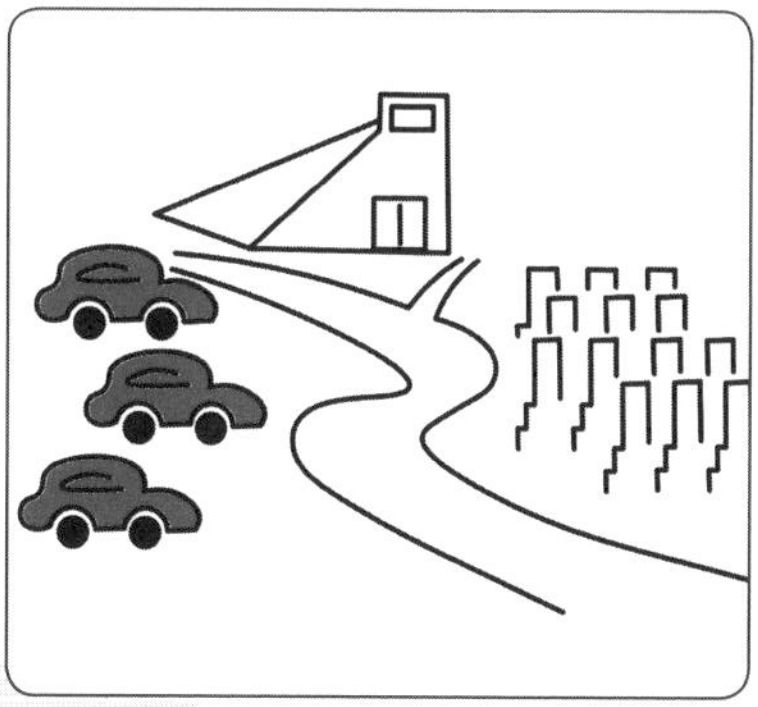

お墓選びのチャート

お墓選びは供養の仕方や承継者の有無、宗教・宗派など、さまざまな要素が絡むことから考えの整理がつきにくい問題です。このチャートを使って、自分の考えをまとめてみましょう。

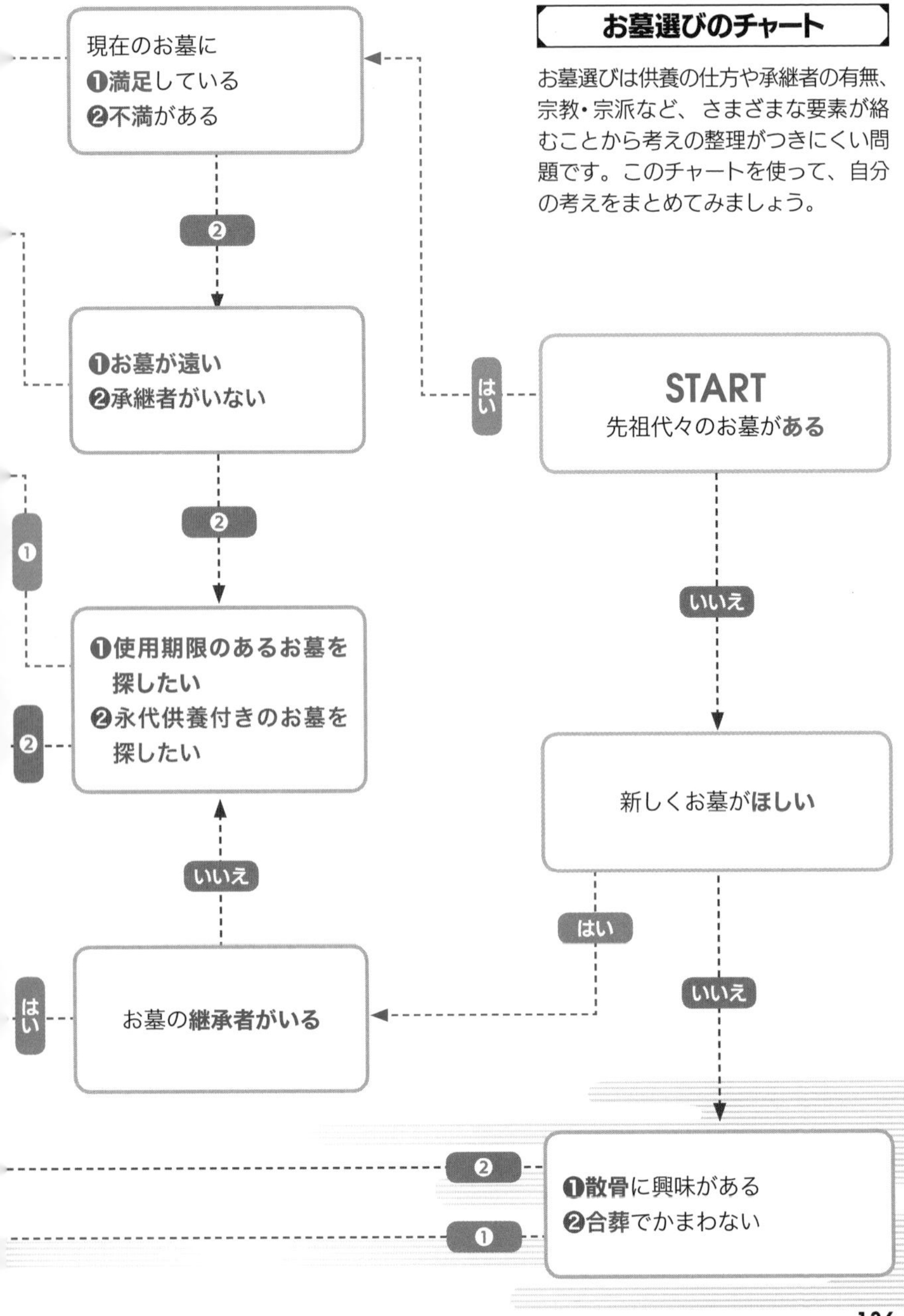

お墓が既にあって満足しているなら、問題ありません。承継について親子で話し合ってみましょう。

①

現在の居住地に近い場所にお墓を移すことをおすすめします。改葬(→P148)や分骨について考えてみましょう。

①

比較的自由度の高い公営墓地か民営墓地を選択します。承継者が不要なお墓を見つけましょう。

①

最終的に合葬を望んでいるならば、納骨堂(→P138) や共有墓(→P133)が選択肢になります。

②

❶夫婦だけ、家族だけのお墓を希望する
❷いずれ合葬してもいい

承継者がいなくても、寺院墓地の中には永代供養付きのものがあります。お寺に問い合わせてみましょう。

はい

いいえ

宗教には**こだわらない**
※または仏教以外を信仰している

承継者がいて今後もお墓を守っていく前提であれば、寺院墓地が望ましいでしょう。

いいえ

宗教には**こだわらない**
※または仏教以外を信仰している

仏教以外のお墓を考えるのであれば、公営墓地か民営墓地が選択肢になります。

はい

最近では、散骨や樹木葬などの自然葬(→P140)を選択する人も増えています。

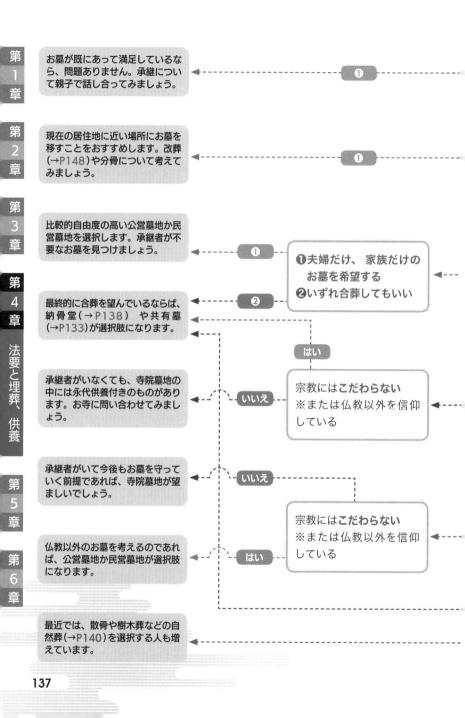

8

新しい埋葬の形①
納骨堂

遺骨は先祖や家族のお墓に納骨することが一般的でしたが、近年はさまざまな埋葬方法が選ばれています。

お墓を建てないという選択

近年はお墓を承継する者がいなかったり、残された遺族の負担を考え、お墓を建てないという選択をする人も増えてきました。そうした人が利用するもののひとつに、遺骨だけを収蔵する施設である納骨堂があります。納骨堂を利用するメリットは、一般的な墓地に比べて費用が安くすみ、都心部や駅から比較的近くてアクセスしやすい場所にあることが特徴です。ただし**一代限りの使用期限で承継を目的としていないので、いずれは他の遺骨と合葬することになります。**合葬後は納骨堂の管理者が契約にしたがって供養を続けてくれます。

入手時の注意点

納骨堂は分譲方式で販売していることが多いので、インターネットやチラシなどで駅からのアクセス、周りの環境、個別に参拝できるかどうかなどを確認しましょう。

特に注意したいのは、経営母体が宗教法人で寺院境内の納骨堂の場合です。宗旨宗派を問わないとする案内が多いのですが、**納骨後はその寺院の檀家になることを前提としているケースもある**ので、檀家になれば協力金や寄付の要請などがあります。また先にも述べた合葬について、その時期が十三回忌や三十三回忌などと施設によって異なることです。そのほか年間管理料（３０００円～１万円）が滞ると、使用権も供養も停止するので注意が必要です。

納骨堂の種類

納骨堂は寺院境内の中にあるもの（宗教法人）や霊園の中にある施設（地方自治体、公益法人）などで、遺骨を個別もしくは不特定多数で一緒に収蔵します。永代供養付きの使用料は経営母体によって大きく異なりますが、2人用で25万～50万円ほどになります。

◎ロッカー型

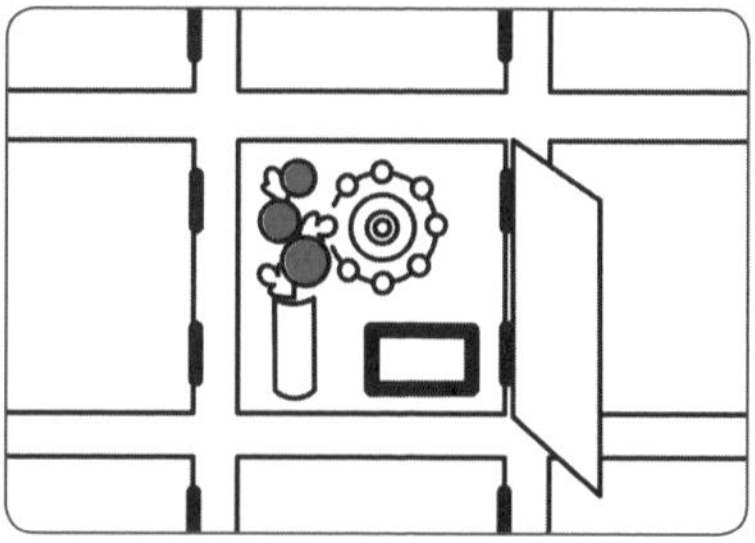

コインロッカーのように収蔵部分が並んでおり、比較的安価に購入できる。

◎自動搬送型

参拝スペースに自動的に遺骨が運ばれてくる。故人のデータなども収蔵できる。

◎仏壇型

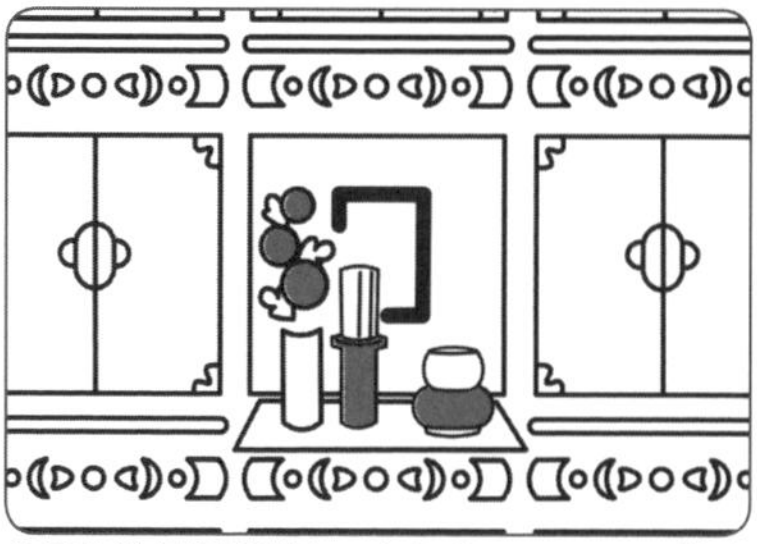

仏壇と納骨場所がセットになっている。独立性が高いぶん、料金も高め。

◎お墓型

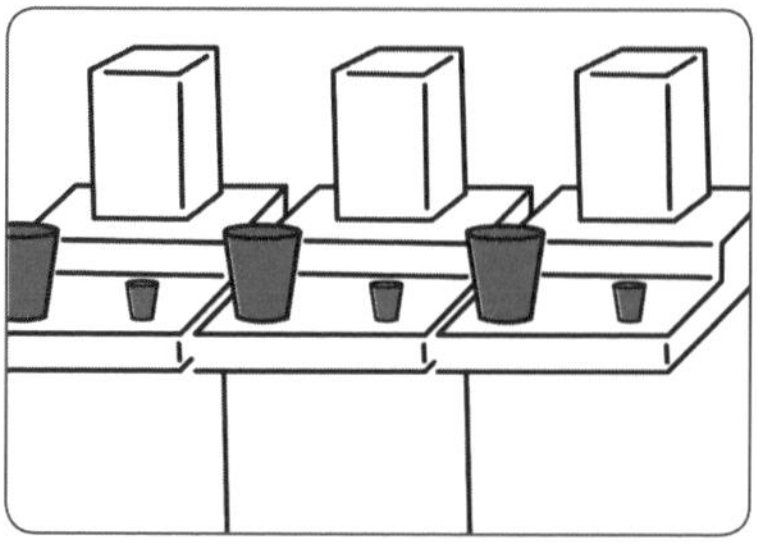

室内に小さな墓石を建て、生花や線香を供えることができる施設もある。

◎位牌型

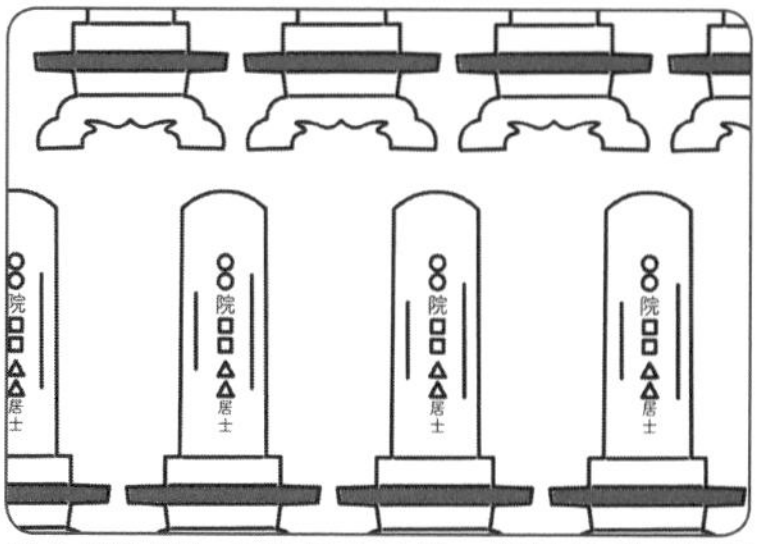

並んだ位牌にお参りするが、遺骨は別の場所に保管されているところもある。

9

新しい埋葬の形② 自然葬

お墓という形にこだわらず、遺骨を自然に還すという考えのもとで散骨する方法があります。

自然に還すという考え

遺骨をお墓に埋葬しないで海や山、森などに散骨することを「自然葬」と呼びます。近年、この自然葬への関心の高まりにより、さまざまなスタイルの自然葬を提案する民間企業や団体が増えてきました。ただし**自然葬の現実にはいろいろな制約があります**。まず前提として遺骨の粉末化を業者に依頼する必要があり、これを怠ると、遺骨（死体）遺棄罪に触れる可能性があります。海洋において制約がないのは原則的に公海上のみで、海水浴場や港湾、航路、また漁場や養殖海域などへの散骨は不法投棄や汚染防止の違反対象になりえます。山や森には国有地も含めて必ずその土地所有者がいますので、その承諾は不可欠です。特に観光地などの風光明媚な場所は、地域全体が散骨禁止の場合もあります。

樹木葬

自然葬のひとつに「樹木葬」があります。**骨壺を個別に土中に収めたり散骨と同じように地面に撒き、その上に草木を植林する埋葬方法です**。一般的には墓地としての許認可を得た区画の中で行われるもので、どんな土地でも可能なわけではありません。寺院境内の樹木墓地などは永代供養付きなので、承継者のいない人が希望する例が多く、また東京都の都営霊園のように大きな区画を樹林墓地として募集し、遺骨を粉末にして合葬する墓所もあります。

おもな自然葬の方法

自然葬での散骨には、書類の提出といった法的手続きはありません。一般的には散骨ですべての遺骨をまくことは少なく、お墓に埋葬するぶんと散骨するぶんを分骨するケースが多いようです。

◎海洋葬（海洋散骨）

一家で船を借りる場合と、数家族が一緒に乗って合同で散骨する場合がある。散骨の様子を映像記録に残したり、献酒・献花のサービス、散骨証明書を発行してくれるところもある。費用の目安は基本プランで5万〜10万円程度。

◎空中葬・宇宙葬

ヘリコプターやセスナ機で上空から海洋へ向けて散骨するのが空中葬。風船に結んで空に飛ばすバルーン葬もある。また宇宙葬とは、人工衛星に遺骨を納めた専用カプセルを搭載して宇宙へと打ち上げる方法。

Q A

散骨はいつまでに行えばよい？

四十九日の忌《き》明《あ》け後に納骨をすることが多いので、散骨も同様の時期がよいでしょう。または故人の記念日や一周忌などの区切りで行うケースもあります。故人をしのぶとき、散骨の場合は墓標がないので、散骨した方角に手を合わせたり、樹木葬なら樹木に向かって拝みましょう。

◎樹木葬

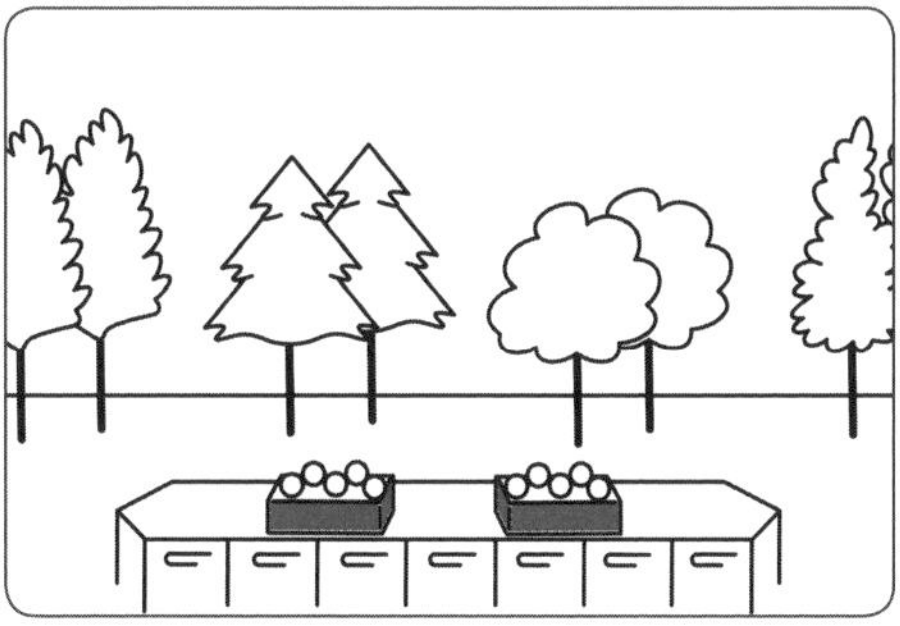

土の中に遺骨を埋め、墓石のかわりに木を植える。もとから木が植えられている場所に散骨する場合もある。寺院境内の樹木墓地は、永代供養料として20万〜30万円前後。都営霊園の樹林墓地の永代使用料は5万円程度。

※樹木葬など管理区画に埋葬する場合は、所定の手続きが必要になるので注意。

10

納骨する

一般的には四十九日法要時

故人の遺骨をお墓に納める納骨は、最近では四十九日法要に合わせて行うことが一般的です。

納骨の時期

納骨の時期に決まりはありませんが、すでにお墓がある場合は、四十九日法要に合わせて行うことが一般的です。しかし**新たにお墓を建てる場合は仮の墓標（木）で納骨し、七回忌または十三回忌法要での建墓でも遅くはありません**。

菩提寺《ぼだいじ》と納骨式の日取りを決めたら、石材店に連絡して墓石に刻む故人の名前などを依頼します。同時に、納骨時にカロート（墓石の下にある遺骨の収蔵庫）を開けてもらう作業を予約しましょう。また多くの場合、年忌《ねんき》法要やお盆の供養などでのお墓参りに「卒塔婆《そとば》（経文や題目などを書き記した木の板）」を供えるのですが、必要であれば菩提寺に用意してもらいます。

納骨式当日

納骨当日には、菩提寺もしくは霊園に渡す「埋葬許可証（↓P32）」、僧侶に渡すお布施、地方によっては石材店の係員に渡す心付け（不祝儀）を用意します。四十九日法要や一周忌などの法要を営んだ後の納骨式の流れは、遺族と僧侶が墓地へ集合し、石材店の係員にカロートのふたを開けてもらいます。**新しくお墓を建てた場合は、その前にお墓の開眼《かいげん》供養も行います**。施《せ》主《しゅ》の手で遺骨を納めたら、ふたを閉じて卒塔婆を立てます。そして墓前に祭壇を設置し、僧侶の読経と参列者一同で焼香を行って祈りを捧げましょう。すべてがすんだら場所を移動して会食になります。

納骨式の流れ

❶法要(四十九日法要や一周忌など)

お寺で読経、焼香する。

❷墓地へ移動

寺院や霊園の管理事務所で「埋葬許可証」を提出する。

❸開眼供養

新しくお墓を建てた場合は、お墓に魂を吹き込むための儀式を行う。

❹納骨する

石材店の係員にカロートを開けてもらい、遺骨を納める。

❺卒塔婆供養

墓石の後ろに卒塔婆を立てる。

❻読経・焼香

墓石の前に祭壇を設置し、遺影や位牌、供物などを並べて墓前供養する。

❼会食

飲食店などに移動し、僧侶や参加者をねぎらう。

Q A

キリスト教や神道の場合は?

キリスト教カトリックの納骨は、死後7日目の追悼ミサの翌日か1か月後に、プロテスタントでは死後1か月後の召天記念日にすることが多いようです。また神道では火葬後すぐの埋葬か、忌明《きあ》けである五十日祭に合わせて埋葬祭を行います。

卒塔婆について

◎表

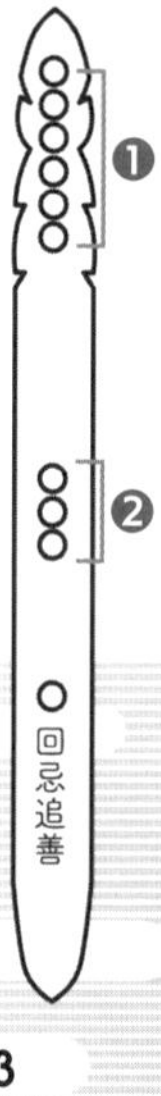

宗派によって題目や梵字などを記す

❶戒名《かいみょう》
❷年忌《ねんき》

◎裏

宗派によって経文や檄などを記す

❶建立年月日
❷卒塔婆を依頼した施主名

卒塔婆は、故人の供養のために経文や題目などを書き記した木の板です。菩提寺に依頼する際は、文字の間違いがないように伝えましょう。金額はだいたい1本3000円〜5000円です。

※浄土真宗では卒塔婆は供えない。

11

年忌法要を行う

年忌ごと

祥月命日（亡くなった月日）に行う一周忌や故人が逝去して2年目に行う三回忌などの法要を「年忌《ねんき》法要」と言います

一周忌法要

一周忌法要とは、**故人が逝去して1年目の祥月《しょうつき》命日（亡くなった月日）に行う法要です**。近親者や親族だけではなく、故人と親しかった友人や関係者にも声をかけることがあります。準備としては、案内状の発送や会食場の手配、返礼品とお布施の用意など、四十九日法要（→P124）と変わりはありません。

一般的な法要は、菩提寺《ぼだいじ》（もしくは自宅）に集まり、僧侶の読経と参列者の焼香、そして僧侶による法話と続きます（法話がない場合もあります）。読経と焼香、法話で約1時間程度を目安と考えてください。その後、墓所へ移動して参列者一同でお墓参りをし、会食・散会という流れになります。

三回忌法要とその後

三回忌法要は**故人が逝去して2年目に行います。これは生まれた時を1歳とする数え年の習慣からきています**。必ず祥月命日に合わせて行う必要はなく、前倒しで営むことは良しとされていますので、近親者などの都合に合わせて日程を組みましょう。また三回忌以降は、七回忌、十三回忌というように続きますが、一般的には三十三回忌で法要を終えます。これを「弔《とむら》い上げ」と言い、故人が先祖の仲間入りをすることを意味します。**近親者の逝去後の年月が重なった場合、例えば母の十三回忌と父の十七回忌を合わせる併修という形で法要を行うことも可能です**。

年忌法要の一般的な流れ

❶菩提寺集合

菩提寺に集合し、本堂で着席して僧侶を待つ。

❷僧侶入場

参列者は黙礼して僧侶を迎える。

❸読経

僧侶による読経が行われる。

❹焼香

施《せ》主《しゅ》、遺族、故人と関係の深い順に焼香を行う。

❺法話と施主あいさつ

僧侶による法話を拝聴する。施主があいさつする。

❻墓地へ移動

境内に墓地があれば徒歩で、距離がある場合はマイクロバスなどで移動する。

❼お墓参り

墓前に供物やお花を供え、焼香してお参りする。希望があれば卒《そ》塔《と》婆《ば》供養をする。

❽会食

寺院内または飲食店で僧侶や参列者をねぎらう。施主は法要が無事に終了したことへのお礼を述べて献杯する。

❾散会

施主がお礼のあいさつをして引き物を配る。

12

供養のしかた

日々の供養は仏壇で行うのが一般的です。また祥月命日やお彼岸、お盆の時期にはお墓参りをします。

日々の供養

日常的な供養は仏壇で行います。仏壇は「仏檀」とも書いて、本来は檀家が菩《ぼ》提《だい》寺《じ》のご本尊を自宅でお祀《まつ》りするものでしたが、故人の位牌も安置して、ともに供養するようになりました。仏壇は日常生活の中の最も清浄な場所と言えます。

日々の供養は、一般的には朝食前と夕食前の1日2回行うとされていますが、あまり堅苦しく考える必要はありません。1日1回は手を合わせて礼拝する機会を設けたり、毎日「おはよう」や「おやすみなさい」と話しかけて故人と気持ちを通わせるだけでもかまいません。日々、故人をしのぶ気持ちがもっとも大切なのです。

お墓参り

お墓参りをする時期に決まりはありませんが、**一般的に祥《しょう》月《つき》命日やお彼《ひ》岸《がん》、お盆そして一定期間ごとにある法要です**。それ以外にも故人との記念日や報告したいことがあれば、墓前で手を合わせる機会を設けたいものです。

お墓参りには作法があります。寺院墓地の場合はまず住職にあいさつをし、本堂に参拝してから墓地へ向かいます。お墓とまわりの掃除をていねいに終えたら花や供物、線香を供え、お参りします。お参りの際は腰を低くするかしゃがんで拝みましょう。お参りがすんだら、果物や菓子などは持ち帰り、線香やろうそくの火が燃え切ってからお墓をあとにします。

お墓参りの作法

数珠《じゅず》や供物、半紙(供物の下に敷くもの)、花、線香、ろうそく、ライターなどを準備して向かいます。手桶やひしゃく、ほうきなどの掃除道具は墓地や霊園で借りられますが、事前に確認しておきましょう。

❶本堂に参拝する

寺院墓地であれば本尊に参拝する(民営の霊園などでは不要)。

❷掃除をする

お墓の周囲のごみや雑草をとる。ひしゃくで墓石に水をかけ、たわしなどで汚れを落とす。

❸供物をする

花を飾り、半紙の上に食べ物などを供えたら、ろうそくと線香に火を灯す。

❹合掌礼拝する

故人と縁の深い人から順に、墓石より低い体勢で手を合わせてお参りする。

❺後始末をする

ろうそくや線香の火の始末をし、食べ物などは持ち帰る。管理事務所などで借りたものを返却する。

仏壇への礼拝の作法

礼拝は義務ではありませんが、故人を思い出し、気持ちを通わせる意味で毎日行いたいものです。礼拝の手順は下記で紹介しますが、時間がないときは手を合わせるだけでもかまいません。

❶掃除をする

仏壇内部の線香の灰などを掃除し、生花が枯れてきたら取りかえる。

❷供物をする

仏飯(ご飯)とお茶もしくは水、花を供える。

❸線香を灯す

手に数珠をかけて仏壇の前に正座し一礼する。ろうそくに火をつけ、その火で線香を灯して香炉に立てる。

❹合掌礼拝する

リンを鳴らし、合掌してお経を唱える(宗派によって異なる)。終わったらリンを鳴らし、合掌して深く礼拝する。

お経を省略する場合は、2度目のリンは鳴らさない。

❺一礼する

ろうそくの火を手であおいで消し、軽く一礼して終わり。

13

墓じまいと改葬

墓じまいとはお墓を手放すことで、改葬とは今あるお墓の遺骨を別に移動して供養を続けることです。

新たな場所で供養する

お墓を手放すことを「墓じまい」と言いますが、故人への供養をやめることではありません。現在のお墓にある遺骨を別のお墓に埋葬しなおしたり、永代供養付きの納骨堂などに納める「改葬」、いわば遺骨の引っ越しを行うことが前提にあります。

お墓は親族の心のよりどころとなっている場合もあり、特に先祖代々のお墓を手放す、移すとなると、反発する親族も出てくるでしょう。また**寺院墓地の場合は、菩《ぼ》提《だい》寺《じ》として檀家が離れることを意味するため、理解を得るのに時間がかかるかもしれません。**このようなトラブルに発展しないよう、事情や理由をていねいに説明して納得してもらうことが大切です。

改葬の手続きと費用

改葬には多くの書類が必要になります。時間のかかるものもあるので、余裕をもって計画を立てることをおすすめします。ちなみに石材店に相談すると、ある程度の事務手続きを代行してもらえる場合もあります。また**改葬費用に関しては、新たにお墓を購入するお金以外にさまざまな経費がかかります。**たとえば今ある墓地の整地・墓石撤去・処分などや、閉眼《へいげん》・開眼《かいげん》にかかわるお布施です。工事費などは事前に見積もりを取れますが、特に「離《り》檀《だん》」（檀家をやめる）の場合には高額な寄進を要求されることがあります。

改葬の手続きの流れ

改葬に関わる申請書類はインターネットからダウンロードが可能な場合も多いので、事前にしっかりと調べてから手続きを始めましょう。

❶関係者への説明

親族や菩提寺の承諾を得ることが前提。特に「離檀料」などの無理な要求がない場合は、これまでの「感謝の気持ち」として護寺会費や管理費の10年分を目安にお包みしてもよい。

❷お墓を建てる

新しく墓地を購入してお墓を建てる。旧墓地から墓石を運んでくる方法もある。

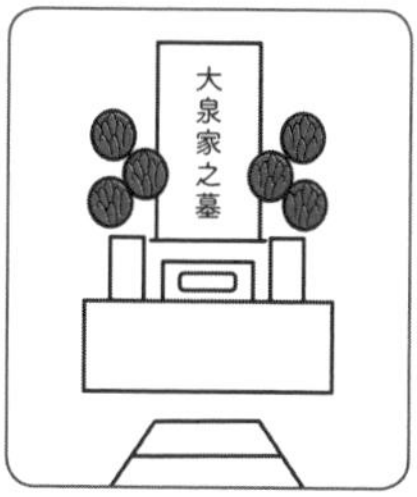

❸書類をそろえる

旧墓地のある役場から「改葬許可申請書」を入手する。新墓地の管理者から「墓地利用許可証」と「受入許可証」を発行してもらう。

❹埋葬証明書を入手する

旧墓地の管理者から埋葬証明書を入手する。③の「改葬許可申請書」に署名捺印してもらった書類がその代わりになる場合も多い。

❺「改葬許可証」を入手する

③と④の書類を旧墓地のある役場へ提出し、「改葬許可証」を発行してもらう。

❻遺骨を取り出す

旧墓地の閉眼《へいげん》供養を行う。石材店に依頼して遺骨を取り出し、墓地を更地にしてもらう。

❼新墓地に納骨する

新墓地の管理者に⑤の「改葬許可証」を提出する。新しいお墓で開眼《かいげん》供養と納骨式を行う。

COLUMN

残されたペットの引き取りについて

故人が飼っていたペットは、相続法上では相続財産にあたります。相続人がペットを飼えず、そのほかの引き取り手がいないとき、保健所に送られて殺処分という最悪のケースも想定されます。そのためペットを飼っている人は、事前に親族もしくは知人に引き取り手としてお願いしておくことをおすすめします。また、ペットの里親情報サイトに登録するという方法も選択肢に入るでしょう。

ただし、ペットの引き取り手がそうそう簡単に見つかるとは限りません。そこでもうひとつの選択肢として、ペットホームの利用があります。これは自分の死後にペットの世話から看取りまで一生を任せておける施設です。金額は施設によってさまざまですが、中型犬の一生預かりで100万円程度（要介護の場合は加算）からが一般的なようです。自分もペットも老齢になる前に、いくつかのペットホームを見学しておくのもいいかもしれません。

遺言書の記載も重要です。ペットの引き取り手が決まっている場合は、その引き取り手と「負担付死因贈与契約」を結びます。これは「遺産から飼育費を渡すので、ペットを引き取って一生面倒を見てください」という内容を公正証書遺言（→P164）で締結し、ペットの世話を放棄されないように約束するのです。金額については事前に引き取り手と相談しておきましょう。

いずれにせよ、愛犬や愛猫の将来を考えるならば、万全の準備をしておくことが大切です。

第5章

遺産の相続手続き

遺産相続の流れ

大切な人が亡くなった瞬間から相続は開始されます。相続の手続きには期限が定められていることも多いので、早めに準備しましょう。

時期（相続開始日から）	内容	詳細
3か月以内	相続人の確定（→P156・157）	・法定相続人の順位を確認する。 ・法定相続人であっても相続権を失う場合がある。
	相続分の配分決定（→P158・159）	・遺言がある場合は「指定相続分」として優先する。 ・遺言がない場合は「法定相続分」を基本として話し合う。
	代理人が必要な場合（→P160・161）	・代理人が必要なケースを確認する。 ・相続人は家庭裁判所で事前の手続きを必要とする。
	遺言書の有無の確認（→P162〜167）	・遺言書が見つかったら家庭裁判所で検認を受ける。 ・遺言書がない場合は相続人同士での話し合いに進む。 ・遺言書の形式には3種類の「普通方式」と4種類の「特別方式」がある。 ・遺言書の法的効力を確認する。

	4か月以内	10か月以内	侵害を知ってから1年以内

遺産目録の作成（→P178・179）

・相続財産の全体像を把握し、遺産目録を作成する。

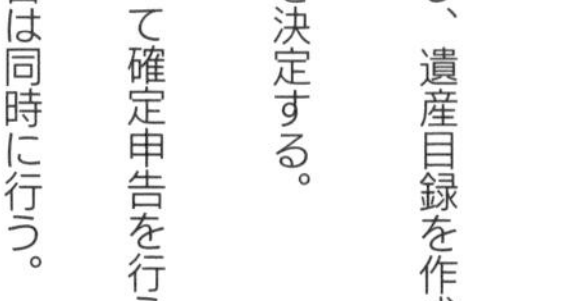

相続か放棄か（→P168～171）

・相続するか、放棄するかを決定する。
・限定承認の方法もある。

準確定申告（→P116・117）

・法定相続人が故人に代わって確定申告を行う（必要な場合のみ）。
・医療費控除などがある場合は同時に行う。

遺産の分割協議（→P174～177）

・相続人全員で話し合う（特別受益や寄与分なども考慮に入れる）。
・遺産の分割方法を決定する。
・分割協議がまとまったら、遺産分割協議書を作成する。
・話し合いがまとまらない場合は、遺産分割調停や遺産分割審判に進む。

相続財産の名義変更と解約（→P180・181）

・相続の決定後は、すみやかな手続きがおすすめ。
・「法定相続情報証明制度」を利用して手続きを簡素化する。

相続税の申告と納付（→P182～190）

・相続税の課税対象は相続財産、みなし相続財産、贈与財産の3つ。
・課税対象になる財産を評価して計算する。
・相続人の条件に応じた控除を確認する。
・相続税の申請書を作成して納付する（延納や物納の方法もある）。

遺留分の侵害請求（→P172・173）

・法律で守られている相続分を確認する。
・自分の相続分を侵害された場合は「遺《い》留《りゅう》分《ぶん》侵害請求」ができる。

第5章 遺産の相続手続き

1

相続の基本知識

故人が亡くなった瞬間から相続が開始されます。まずは、その基本的な知識を確認しましょう。

すべてを相続するのが原則

遺産相続とは、「故人」の財産を「相続の権利を持つ人」が引き継ぐことです。前者を「被相続人」、後者を「相続人」と呼び、**故人が死亡した瞬間から、その故人の財産は相続財産となります。**相続人は、遺言書の内容や、相続人同士の話し合いによって遺産を相続することになります。

相続の対象となる財産は、土地や建物などの不動産、預貯金、有価証券など多岐に渡りますが、プラスとなるものだけでなく、借金のようなマイナスの財産も含まれます。**相続人は基本的に相続内容を選ぶことはできないので、財産の所有権だけでなく、債務も引き継ぐことを覚えておきましょう。**

相続には例外もある

遺産相続はすべてを相続するのが原則ですが、一部の例外もあります。たとえば公的年金などは個人的な権利であり、相続によって他人に移ることはありません。また身元保証人になることで発生したその地位も、個人的な信頼関係に基づく契約であるため、相続の対象にはなりません。ただし、故人の生前に身元保証人としての具体的な支払い義務が生じている場合は除きます。

墓や仏壇、位牌などは分割が難しいため「祭《さい》祀《し》財産」として「祖先の祭祀を主宰すべき者（祭祀主宰者）」として選ばれた相続人がまとめて承継することが一般的です。

遺産相続の6原則

①死亡した瞬間から発生

相続は、被相続人である故人が死亡した瞬間から発生し、故人の財産は相続財産となる。通常、相続人が故人の死亡を知らなくても相続が開始される。

③遺言書が最優先

故人の遺言書がある場合はそれが最優先され、原則としてその内容通りに相続を行う(例外もある→P172)。

⑤相続できないもの

公的年金は被相続人(故人)のみに与えられる権利なので、相続によってその権利が他人に移ることはない。

②すべて引き継ぐ

相続の財産にはプラスとマイナスのものがあるが、相続人は基本的に選択することができず、すべてを引き継ぐ。

Q A

借金ばかりでも相続すべき?

基本的には、故人の借金や住宅ローンなどのマイナス財産も引き継がなければなりませんが、負担が大きい場合には、相続を放棄する方法もあります(→P168)

④分割協議

遺言書がなくて相続人が複数いる場合は、全員で分割協議を行って財産の分け方を決める。

⑥祭祀財産

墓地や墓石、仏壇、位牌など祖先を祀《まつ》るためのものを「祭祀財産」と呼び、分割できない。被相続人(故人)の指定および慣習に従って「祖先の祭祀を主宰すべき者」がすべてを承継する。

2 相続人を確認する

法定相続人とは、故人と一定の血縁・婚姻関係にある親族と配偶者です。親族は順位に応じて相続権を持ちます。

法定相続人の順位

相続人には、被相続人(故人)の遺言書(↓P162)で指定された人物と、民法で定められた「法定相続人」がいます。この法定相続人は、故人との関係(婚姻もしくは血縁)で決まります。

たとえば故人に配偶者(婚姻関係)がいれば、**配偶者はどんなときでも相続人になりますが、ほかの親族にも故人との血縁関係によって相続権が与えられます**。相続権が与えられる優先順位を見てみましょう。

第1順位…故人の子。子が死亡している場合には孫、孫が死亡している場合にはひ孫というように相続人が移ります。

第2順位…故人の親。親が死亡していて祖父母が健在の場合は、祖父母が相続人となります。

第3順位…故人の兄弟姉妹。兄弟姉妹が死亡している場合には、その子(故人から見て甥や姪)が相続人になります。

相続権を失うケースもある

法定相続人であっても、相続権を失う場合があります。たとえば**故人に危害を加えたり、遺言書を偽造・変造したりした相続人は「相続欠落」となり、相続権を失うことになります**。

また故人を虐待・侮辱したり、勝手に貯金を引き出すなどの著しい非行をしたりした相続人は、故人本人の生前の申し立てがあれば「相続排除」されます。

遺産の相続手続き

故人に配偶者がいる場合、その配偶者は常に相続人になります。配偶者以外に、故人の子、親、兄弟姉妹も相続人になります。ただし、相続の順位が定められているので、上の順位の人がいるときは、下の順位の人は相続人になりません。夫が亡くなった場合の法定相続人の順位を見てみましょう。

Q A

別居中の妻や養子も相続できる？

法的な婚姻関係があれば、別居中でも相続権はあります。また、内縁の妻に相続させる場合には遺言書が必要になります。子に関しては、実子でも養子でも相続権があります。ちなみに養子は実父母の相続権も持ちます。また愛人の子など「非嫡出子」も認知されていれば、実子と同等の相続権があります。

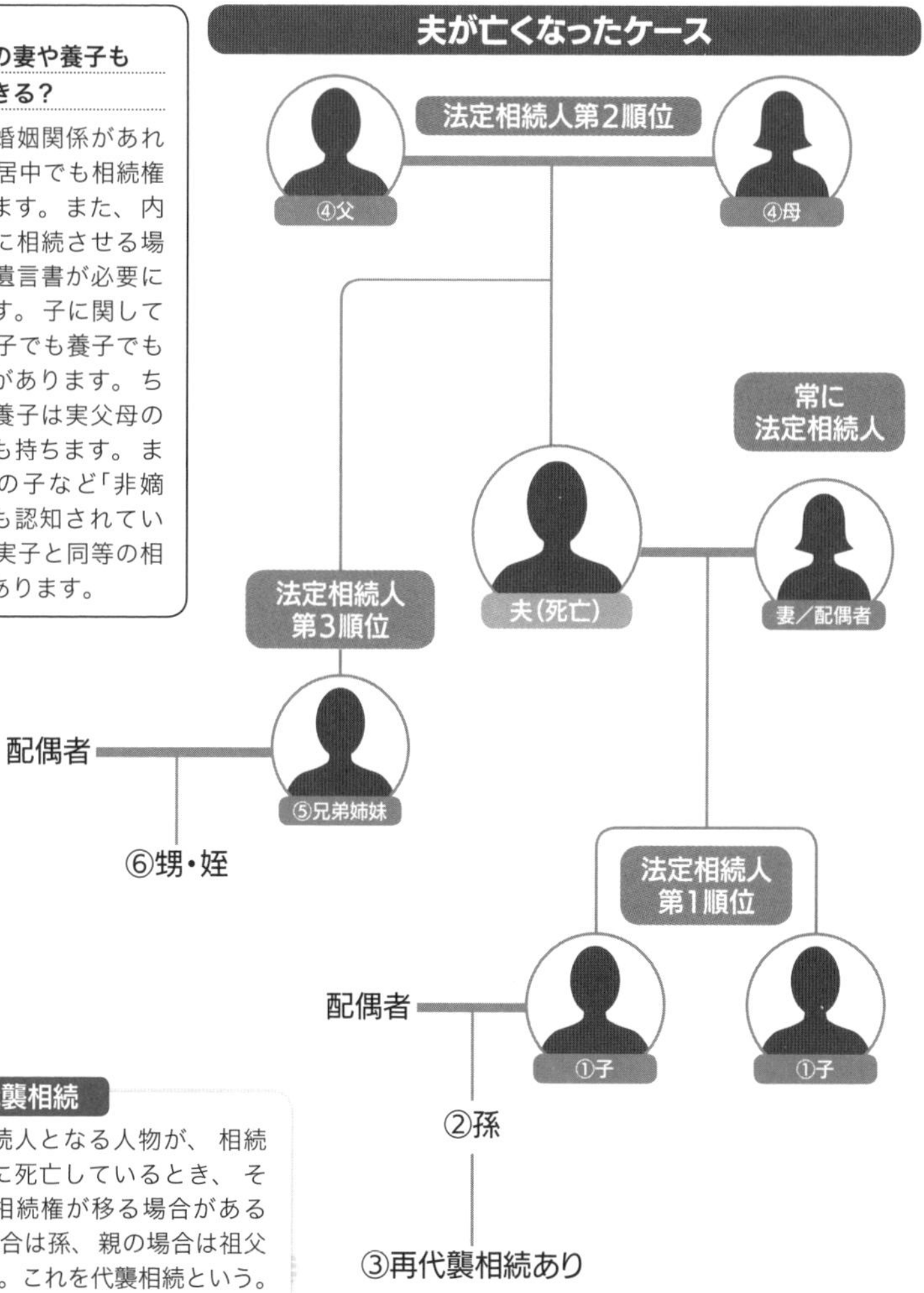

代襲相続

本来相続人となる人物が、相続開始前に死亡しているとき、その子に相続権が移る場合がある（子の場合は孫、親の場合は祖父母など）。これを代襲相続という。

3

相続分の配分を決める

相続の配分は遺言や話し合いで決めますが、民法にはその目安となる「法定相続分」が定められています。

遺言と話し合いが基本

遺産を分割するとき、各相続人が受け取る遺産を「相続分」と言います。遺言がある場合は、それを故人の意思として最優先に実行すべきで、相続人に異論がない限りこれに従って相続します。これを「指定相続分」と言います。一方で**遺言がない場合は、相続人の間で話し合って誰が何を相続するか、その割合や内容を全員が納得のいく決定をします。**これを「遺産分割協議（→P174）」と言います。

ただし、遺産分割の話し合いでは、各人の意見がぶつかり、トラブルが生じることもあります。このようなときのために、民法では「法定相続分」として遺産の分割の目安を定めています。

法定相続分とは

法定相続分に当てはまるのは故人の配偶者と法定相続人（→P156）で、取り分の比率は相続人の順位と人数の組み合わせによって変化します。一般的に想定されるケースとしては、相続人が、

❶配偶者と子（**第1順位の相続人**）
❷配偶者と親（**第2順位の相続人**）
❸配偶者と兄弟姉妹（**第3順位の相続人**）

の3つのケースが考えられます（→左ページ参照）。また、その他の少し特殊なケースとして「離婚歴がある」や「非嫡出子がいる」、「養子縁組している」場合の相続権と、その比率などをあわせて紹介しますので、参考にしてください。

一般的な法定相続分

各相続人がどのような割合で相続するかについて規定されたものが法定相続分です。相続人が配偶者のみであれば配偶者がすべてを相続しますが、子や親、兄弟姉妹の相続人がいる場合は、それぞれの割合があります。

①配偶者と子（第1順位の相続人）

配偶者に子がいれば、配偶者と子で1/2ずつ相続する。子が複数いるときは、1/2を子の人数で等分する。

②配偶者と親（第2順位の相続人）

配偶者に子がなく、親が相続人の場合は、配偶者が2/3、親が1/3を相続する。

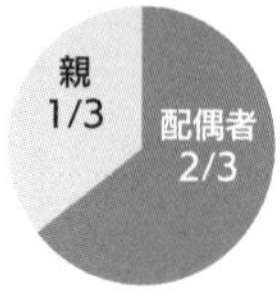

③配偶者と兄弟姉妹（第3順位の相続人）

配偶者に子も親もなく、兄弟姉妹が相続人の場合、配偶者が3/4、兄弟姉妹が1/4となる。兄弟姉妹が複数いるときは、1/4を兄弟姉妹で等分する。

その他のケース例

◎故人に離婚歴があるケース

元配偶者は相続人にならないが、元配偶者との間に子がいれば相続人になる。再婚後の子どももいる場合、どちらも被相続人（故人）の実子として同等の権利を持つ。

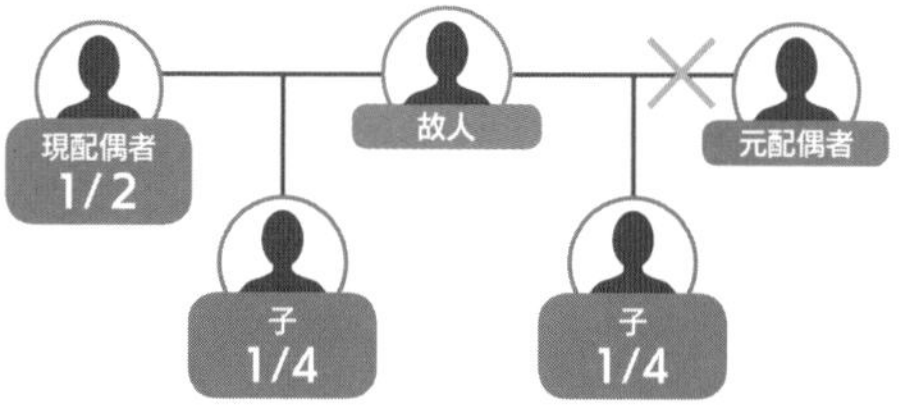

◎養子縁組しているケース

故人に養子縁組した子がいる場合、その子も実子と同じ相続権を持つ。配偶者の連れ子は血縁関係がないので相続人にはならないが、故人と養子縁組していれば相続人になる。

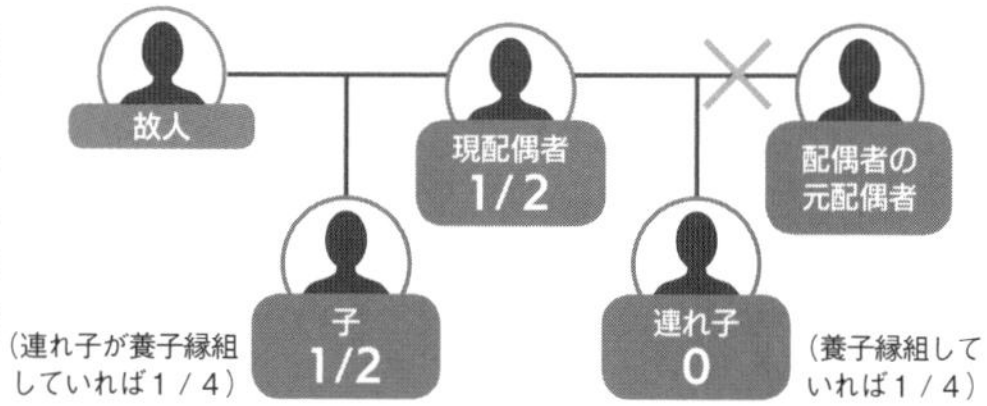

◎非嫡出子がいるケース

婚姻関係にない男女の間に生まれた子を非嫡出子というが、嫡出子と同じ割合の相続分が認められる（生前認知・遺言認知）。

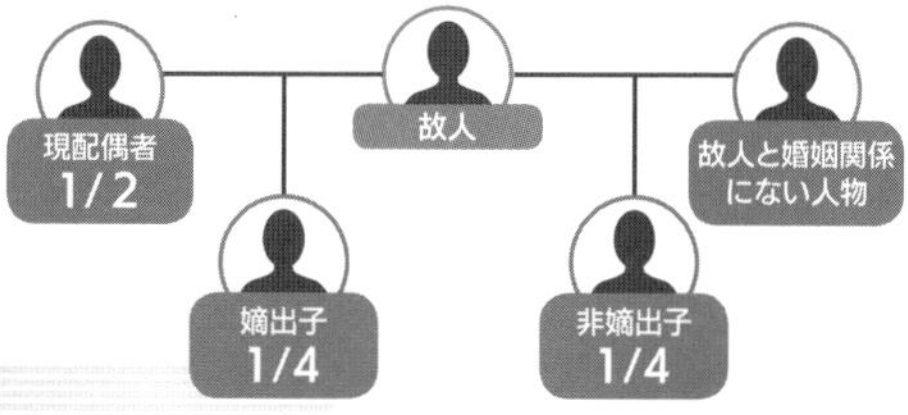

4 代理人が必要な場合

相続人の中に特別な事情があって意思の確認ができない場合、代理人を立てて相続手続きを行います。

代理人が必要なケース

遺産の分割において、相続人の中に特別な事情があって意思確認や正常な判断ができない場合、代理人を立てる必要があります。その代表的なケースを3つ紹介します。

❶未成年…未成年者は民法上、遺産分割協議などに加われません。通常は代理人を親が務めますが、親と子が同じ相続の当事者となって利害が対立することもあります。このようなときは、親以外の人を「特別代理人」として立てます。

❷認知症など…精神疾患も含め、意思表示が明確にできない相続人がいる場合、「後見人」を代理人とします。相続人があらかじめ指定した「任意後見人」がいる場合はその人物が代理人に、指定していない場合は、家庭裁判所で「法定後見人」を選任してもらいます。

❸行方不明…遺産分割は相続人がひとりでも欠けると無効になるので、行方不明の相続人を探し出す必要があります。見つからない場合には家庭裁判所に「失踪宣告」や「財産管理人」を申し立てます。

代理人選人の注意点

遺産分割において相続人が特別代理人などを選任するためには、家庭裁判所において手続きを必要とします。そのため相続人の中に未成年者や認知症、行方不明者などがいる場合は遺言書を書くなど事前の対策をしておく方がよいでしょう。遺言書がない場合は、専門家に相談しましょう。

代理人が必要となる相続人のケース

代理人の種類は下記の3つのケースで異なります。未成年者には「特別代理人」、認知症などの相続人には「任意後見人」もしくは「法定後見人」、行方不明者の場合は「財産管理人」がそれぞれ代理人を務めます。

①未成年

相続とは関係のない「特別代理人」が必要。家庭裁判所に特別代理人を選任してもらうこともできる。また未成年者が複数人いる場合は、それぞれに代理人を立てる必要がある。

②認知症など

認知症や精神疾患など、相続人の認知能力に問題があったり意思の確認が困難な場合、後見人が代理人となる。相続人指定の「任意後見人」か、家庭裁判所が選任する「法定後見人」がいる。

③行方不明

行方不明になって7年以上経過している場合、家庭裁判所に失踪宣告をして死亡扱いとし、相続人から外す。7年未満のときは「財産管理人」が代理となって話し合いに参加する。

後見人制度について

認知症などが発症した場合、さまざまな手続きが困難になるため、判断能力があるうちに後見人を選んでおくという高齢者が増えています。相続に関してもあらかじめ後見人がいれば、その人物が代理人を務めることになります。

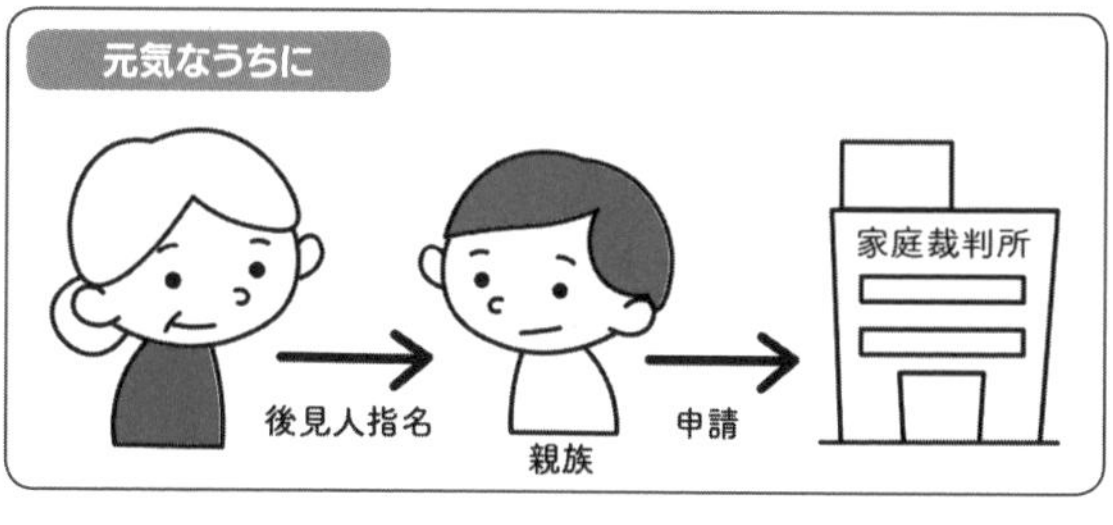

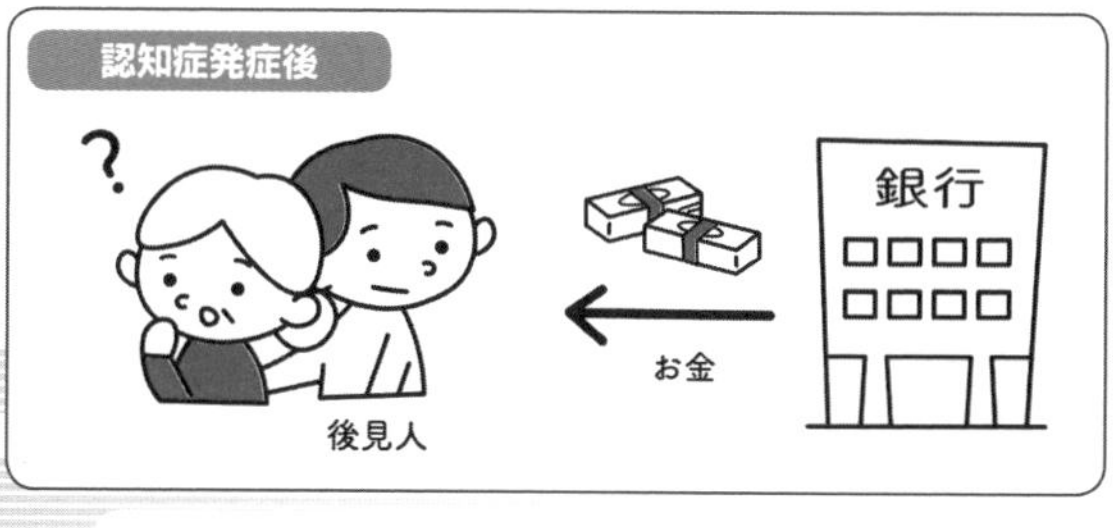

5 遺言書の有無を確認する

遺言書があればその内容に沿って相続しますが、遺言書がない場合は相続人同士の話し合いになります。

遺言書がある場合

故人の遺言書があり、遺産分割の方法や相続割合の指定などが記載されていれば、原則としてその通りに相続分割を行います。遺言書の保管先は、銀行の貸金庫や自宅の特定の場所などが想定されます。**遺言書が見つかった場合、公正証書遺言と法務局に保管した遺言書以外は家庭裁判所で「検認」を受けなければなりません(↓P165)**。裁判所が遺言の形状や日付、署名など、検認の日現在の内容を明確にします。その後に検認済証明書が発行され、その添付をもって遺言内容に沿った手続きが可能となります。

遺言書がない場合

遺言書がない場合は、相続人同士の話し合いの「遺産分割協議」(↓P174)となります。民法が定める「法定相続分」(↓P158)が大きな目安となりますが、**相続人全員が同意すればどんな分け方をしても問題ありません**。しかしひとりでも納得できない相続人がいれば、相続を進められません。

この場合は家庭裁判所で「遺産分割調停」を行い、裁判官と調停委員が相続人の双方から話を聞き、円満に解決するためのアドバイスや指導をしてくれます。しかしそれでも歩み寄ることができなければ、**最後の手段として「遺産分割審判」に進み、審判官が法律に基づいた分割方法を示します**。これは裁判ですので、ここで出された決定に従います。

遺言書の有無と相続の流れ

遺言書があれば、そこに示された分割方法に従うのが原則です。遺言書がない場合は、遺産分割協議で話し合い、まとまらないときは家庭裁判所で遺産分割調停、さらには遺産分割審判と進みます。

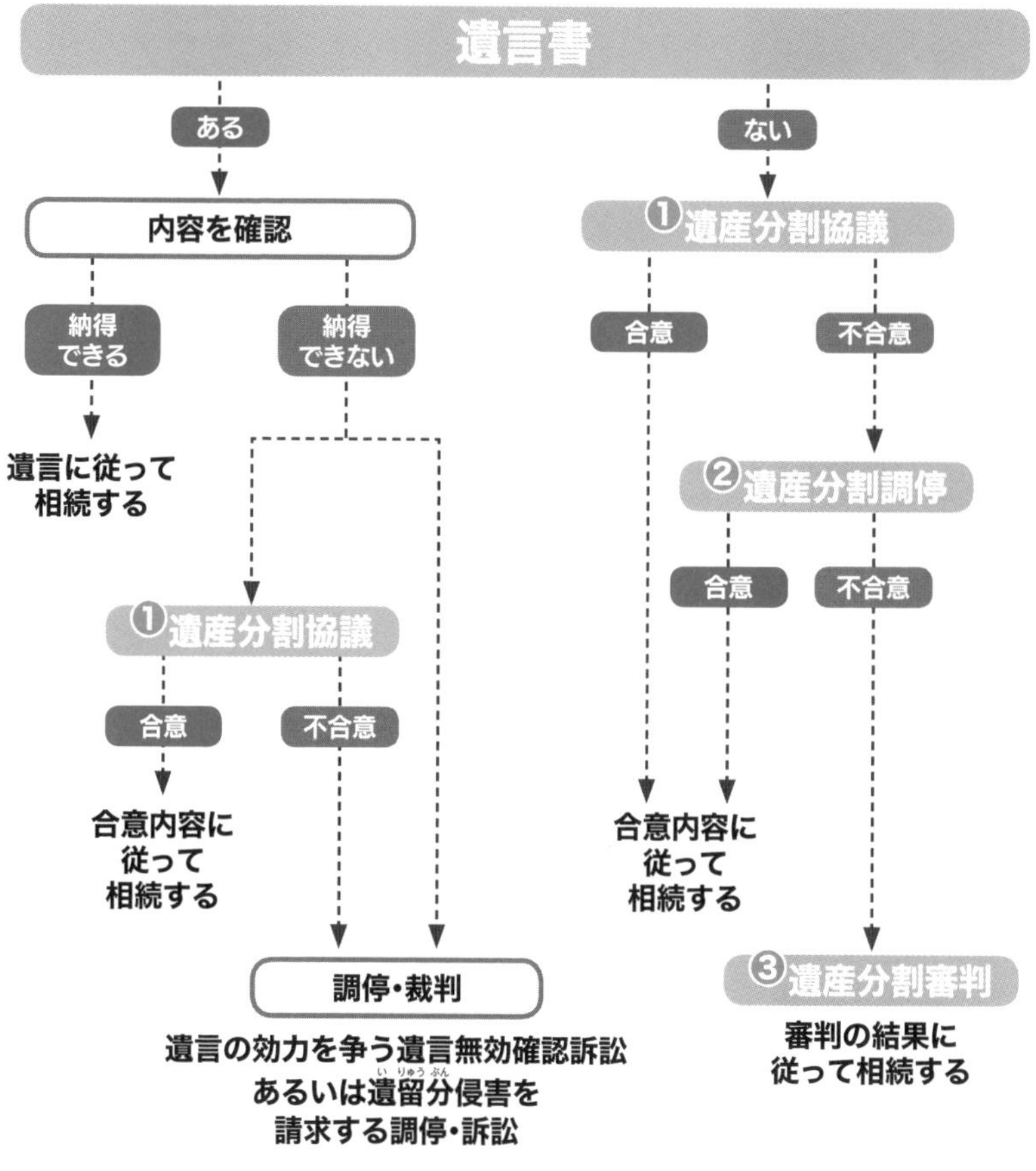

❶遺産分割協議
相続人同士で遺産の分割方法を話し合う。全員が合意しなければ相続は進められない。

❷遺産分割調停
家庭裁判所で調停委員に意見を述べる形で協議を行う。相続人同士は直接話し合いをしないことが多い。

❸遺産分割審判
調停でも決着がつかない場合に行う。審判官が状況や証拠を調査し、分割方法を示す。

6 遺言書の種類

遺言書は作成時の状況や方法によっていくつかの種類に分けられます。それぞれの特徴を確認しましょう。

普通方式の遺言書

一般的に私たちが目にする遺言書は「普通方式」と呼ばれ、次の3種類があげられます。適切な手続きと形式を満たして作成された遺言書であれば、どの種類でも効力は同じです。

❶**自筆証書遺言**…本人が自筆し、署名・捺印した遺言書です。代筆されたものは無効になりますが、財産目録だけはパソコン作成が認められます。法務局で保管された場合は検認が不要となります。

❷**公正証書遺言**…公証役場において故人が口頭で遺言内容を伝え、公証人に記述してもらう遺言書です。費用がかかりますが、専門家が作成するので書類の不備、偽造・変造の心配がありません。

❸**秘密証書遺言**…内容を秘密にしておきたい場合の遺言書です。本人が作成し封をした遺言書を立会人とともに公証役場に提出し、氏名や住所、提出日などの記録をとってもらったものです。

特別方式の遺言書

特別な事情で死期が迫っている場合に作成された遺言書を「特別方式」と呼び、4種類あります。

❶**一般危急時遺言（臨終遺言）**…病気や臨終間際のときに残す遺言書。

❷**難船危急時遺言**…船や飛行機などの遭難時に残す遺言書。

❸**一般隔絶地遺言**…伝染病などによる隔離中に残す遺言書。

❹**船舶隔絶地遺言**…長期間船にいて死が迫るときに残す遺言書。

普通方式の遺言書の種類とその特徴

普通方式の遺言書には３種類あります。それぞれ作成方法において法律で定められた要件があり、それを満たしていれば効力に差はありません。

	自筆証書遺言	公正証書遺言	秘密証書遺言
作成者	本人（全文自筆、財産目録のみパソコン可）	公証人	本人（代筆、パソコン可）
証人	不要	必要	必要
作成費用	不要	必要	必要
家庭裁判所の検認	必要（遺言書保管制度を利用の場合は不要）	不要	必要
保管	本人、弁護士、相続人のほか、法務局でも可能	公証人が原本、正本・謄本は本人	本人または貸金庫、弁護士、推定相続人、遺言執行者など
書類不備の可能性	あり	なし	あり
偽造や変造・破棄・隠匿の危険性	あり	なし	あり

検認についてと、申し立ての流れ

「公正証書遺言」と法務局に保管した遺言書以外の「自筆証書遺言」と「秘密証書遺言」は、開封前に検認手続きが必要です。家庭裁判所がするこの検認は、遺言書の内容を明確にし、その後の偽造や変造を防止するためのもので、遺言の有効・無効を判断するものではないことに注意しましょう。

❶検認申し立て

被相続人の住所地を管轄する家庭裁判所で、申し立てをする人は遺言書の発見者もしくは保管者。

❷検認日の通知

家庭裁判所から検認を行う日時が、法定相続人の全員に通知される（立ち会いは義務ではない）。

❸検認実施

相続人の立ち会いのもとで裁判官が遺言書を開封し、書式や署名、日付、捺印などを確認する。

❹検認の通知

遺言書の原本に「検認済証明書」を添付して返却される。立ち会わなかった相続人へも通知される。

7

遺言書の法的効力

遺言書には法的な効力を持つ範囲が決められています。あわせて遺言書が無効になるケースも紹介します。

法的な効力を持つ遺言書

遺言書の内容に決まりはありませんが、記載事項すべてに法的効力があるわけではありません。法的に効力を持つ遺言の内容は法律で規定されています。主には次の3種類です。

❶**身分について…**相続人や遺言執行者の指定、子の認知など。
❷**財産処分について…**法定相続人以外の者への遺贈や寄付など。
❸**相続について…**相続分の指定や遺産の分割方法など。

遺言書にこれ以外のことが書いてあっても法的な効力はありません。

法的に無効となる遺言書

遺言書は、**筆記の仕方や日付、署名・捺印などの書式・形式が法律で決められています。これを満たさない遺言書は法律的には無効となります。**書式や形式などに関しては、弁護士や行政書士などの専門家が見れば有効か無効か判断できるので、そうした有資格者に相談するのもひとつの方法です。ちなみに公正証書遺言は公証人という法律のプロが作成するので、そうした問題は起こりにくくなります。他方で自筆証書遺言は、故人が法律を十分に知らないまま作成されることが多く、その不備がよく指摘されます。

ただし、**たとえ形式的に無効な遺言書であっても、相続人全員が合意すれば遺言通りにしても問題ありません。**一方で相続人同士の意見がぶつかった場合は、最終的に裁判で決着をつけることもあります。

法的に効力を持つ遺言の内容

❶身分について

相続人となるべき人や相続するために必要な身分について指定できる。未成年後見人の指定や子の認知、遺言執行者の指定および祭祀《さいし》主宰者の指定なども含まれる。

❷財産処分について

財産をどのように処分するか指定できる。相続人または第三者への指定財産の遺贈、寄附行為、生命保険金受取人の指定、信託の設定なども含まれる。

❸相続について

遺産の分割方法を指定できる。各相続人の相続分や遺産分割の方法、特別受益の免除、相続人の排除やその取り消し、遺留分《いりゅうぶん》侵害なども含まれる。

Q A

遺言書が複数見つかった場合は？

遺言書が複数出てきて内容に矛盾がある場合は、作成日付の新しいほうが優先されます。ただし古いほうの遺言で明記され、新しいほうの遺言で何も触れていない部分は、矛盾が発生していないので実行されます。

自筆証書遺言が無効となるケース

書式や形式などの不備で無効となる遺言書は、自筆証書遺言のケースが圧倒的に多く見られます。故人が簡単に作成できて証人も不要なこと、さらには法律のプロの目を通さないことがその理由にあげられます。

- 自筆でない…**パソコンなどで作成したもの、代筆や録音したもの(財産目録のみパソコン可)。**
- 日付の不備…**明確に年月日を書く必要がある(〇月〇日、〇月吉日などは無効)。**
- 署名捺印がない…**どちらか一方ではなく必ず両方が必要。**
- 訂正方法の不備…**書式に則った訂正でないと訂正自体が無効になる。**
- 複数人の遺言が同じ紙面…**夫婦でも別々に遺言する必要がある。**
- 15歳未満…**民法では遺言書を書くことができる年齢を15歳以上としている。**
- 判断力が不十分…**認知症や精神障害、知的障害など遺言能力が不十分の状況で書かれたもの。**
- 脅迫や詐欺…**本人の意思ではなく、他人に無理やり書かせられたもの。**

8 相続するかしないか

相続開始日から3か月以内

相続にはマイナスの財産もあります。相続人はそれらを相続するか拒否するかを選ぶことができます。

相続か拒否か

遺産にはプラスの財産もあれば借金などのマイナスの財産もあります。相続人は故人の財産を引き継ぐ権利を持ちますが、このプラスの財産だけを選んでマイナスの財産は相続しない、ということはできません。そのため**明らかに多額の負債があって負担になる場合には「相続放棄」という方法があります。**相続放棄は、相続を開始した日（通常は故人が亡くなった日）から3か月以内に家庭裁判所に申し立てることで認められます。相続を放棄すると遺産に関する一切の権利を失います。

単純承認と限定承認

相続をするかしないかに関して、相続放棄以外に2つの方法があります。まずは**遺産のプラス・マイナスにかかわらず、そのすべてを無条件で引き継ぐ「単純承認」です。**先にも触れましたが、民法では相続の方法を決定する期間（熟慮期間）を3か月以内と定めています。この熟慮期間中に相続財産を使ったり、3か月が過ぎると自動的にすべてを相続する（単純承認した）とみなされます。

最後の方法として、**遺産の相続がプラスになるかマイナスになるかが不明なときにする「限定承認」です。**これは相続したプラスの遺産の範囲でのみ負債の返済をするものです。負債が財産を超えた場合は免除されます。これには相続人全員の合意が必要です。

相続方法と熟慮期間

相続の方法には、単純承認、相続放棄、限定承認の３種類があります。後者２つの場合は相続開始から3か月以内に家庭裁判所への申し立て（手続きについては→P170）が必要になります。

❶単純承認

最も一般的な相続方法で、特別な手続きは不要。プラス・マイナス財産のどちらも無条件で引き継ぐ。

❷相続放棄

相続権を放棄する方法で、相続人ひとりひとりが有する権利。家庭裁判所での手続きが必要。

❸限定承認

相続財産のプラスの範囲内でマイナスを引き継ぐ方法。家庭裁判所で相続人全員の手続きが必要。

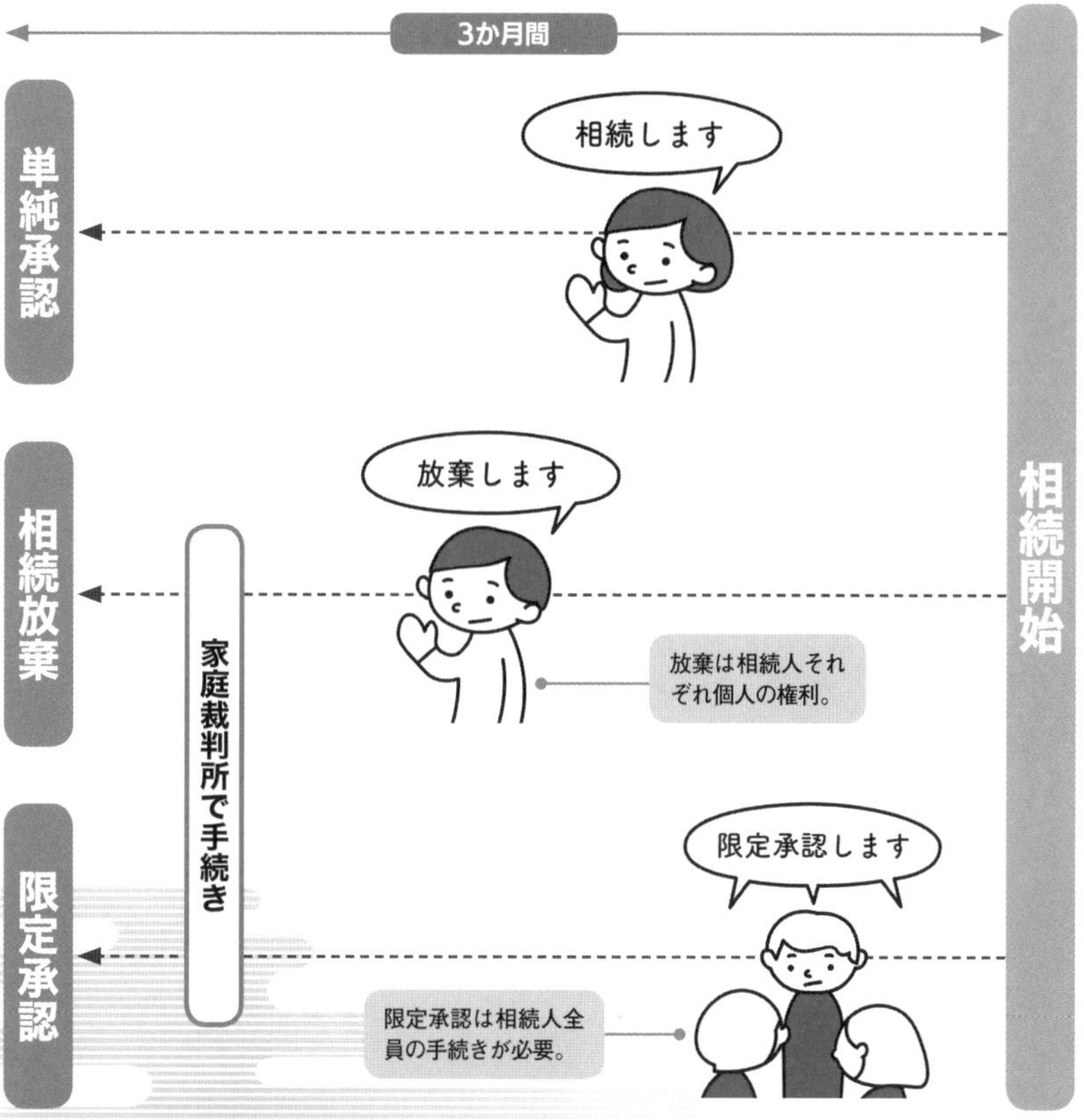

※財産の把握などに時間がかかる場合、家庭裁判所に申し立てをすれば期間を延長することもできます。これを「熟慮期間の伸長」と言います。

9 相続放棄・限定承認の手続き

相続放棄と限定承認は家庭裁判所に申し立てます。専門家に相談しながら、必要な書類をそろえましょう。

専門家に相談する

相続放棄や限定承認をする場合は、家庭裁判所に申し立てます。相続人の人数が多いときや財産がどこにあるか不明な場合、3か月の熟慮期間はあっという間に過ぎてしまいますので、**司法書士か弁護士など専門家の力を借りることをおすすめします**。また書類や資料の用意に時間がかかるときは、家庭裁判所に「熟慮期間の伸長」を申し立てる方法もあります。

書類や資料を準備する

家庭裁判所での手続きには、事前の書類や資料の準備が必要です。それは主に3つあります。

❶戸籍を集める…相続人すべてを確定するために、故人の出生から死亡までの戸籍謄本が必要です。まずは子（認知した子や養子なども含む）の有無の確認をします。いない場合は故人の父母や祖父母、兄弟姉妹の戸籍を調べます。配偶者はつねに相続人になります。

❷申述書を準備する…各申述書の様式は家庭裁判所のホームページからダウンロードできます（20歳以上の相続人が申述する場合）。

❸遺産目録を作成する…どのような遺産があるか、プラスの財産もマイナスの財産もすべて一覧にします（→P178）。

これらの必要書類を家庭裁判所に提出し、受理されると「申述書受理通知書」が送られてきますので、債権者などへ相続の放棄または限定承認の事実を伝えます。

相続放棄と限定承認に必要な書類と費用

相続放棄と限定承認は、被相続人(故人)の最後の住所地の家庭裁判所が窓口になります。手続きの詳細については、申述先の家庭裁判所で確認してください。

◎相続放棄

必要書類　※相続放棄する人が被相続人の子である場合	費用
・相続放棄の申述書 ・被相続人の住民票除票または戸籍附票 ・申述人の戸籍謄本 ・被相続人の死亡の記載がある戸籍(除籍、改製原戸籍)謄本	収入印紙800円＋ 連絡用の切手代

◎限定承認

必要書類　※限定承認する人が被相続人の子である場合	費用
・限定承認の申述書 ・被相続人の出生時から死亡時までのすべての戸籍(除籍、改製原戸籍)謄本 ・被相続人の住民票除票または戸籍附票 ・申述人全員の戸籍謄本 ・被相続人の子(およびその代襲者)で死亡している者がいる場合、その子(およびその代襲者)の出生時から死亡時までのすべての戸籍(除籍、改製原戸籍)謄本 ・当事者目録 ・遺産目録(土地遺産目録、建物遺産目録、現金・預貯金・株式等遺産目録)	収入印紙800円＋ 連絡用の切手代

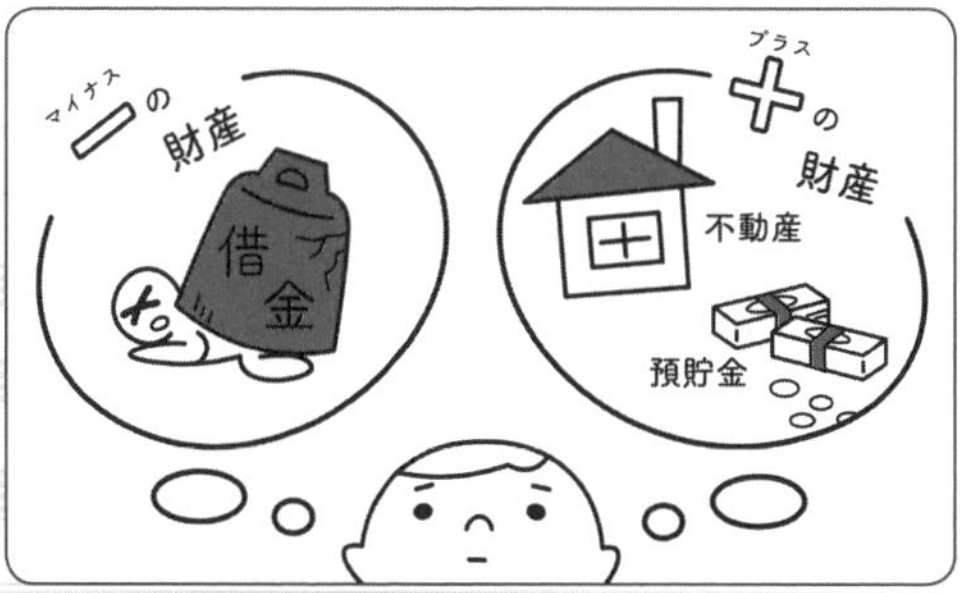

Q A

相続放棄後にプラス財産が見つかったら?

家庭裁判所で相続放棄の申し立てが受理された後、プラスの財産が見つかってもその権利を主張することはできません。相続の放棄は取り消すことができないので、手続き前に慎重に考えましょう。

10 遺留分について

侵害を知った日から1年以内

法定相続人には最低限の相続分が法律で保障されています。この相続分を「遺留分」と言います。

最低限保障される遺産

相続は遺言の指定が法定相続分より優先されますが、その通りに相続すると非常に不公平な分割となることがあります。たとえば一家の大黒柱が亡くなったとき、いくら遺言書があっても残された家族がほとんど財産を引き継げず、後の生活に困窮するようなケースです。このような場合に、相続人が最低限受け取ることができるように法律で守られている相続分を「遺留分《いりゅうぶん》」と言います。

遺留分の比率は、法定相続分（↓P158）と同様に民法で定められています。故人の配偶者と子（第1順位）、そして故人の父母（第2順位）には遺留分が認められますが、故人の兄弟姉妹（第3順位）にはその権利がないことを覚えておきましょう。

遺留分侵害請求権

自分の相続分が遺留分を下回って不服と感じる場合は、「遺留分侵害請求」をして不足分を請求することができます。この請求は遺留分の侵害を知った日から1年以内に、侵害している相続人に対して行う必要があります。また相続した日から10年が経過すると、請求の権利は時効により消滅します。

ただし**この請求は、すんなり受け入れられるケースはほとんどありません**。家庭裁判所での調停や訴訟に発展することもあるので、弁護士への相談も想定しながら熟考して行いましょう。

遺留分のケース例

遺留分には故人（被相続人）の「裁量分」があります。これは故人が自分の財産を自由に処分する権利を保障するものです。各ケースでの遺留分の割合を確認しましょう。

①配偶者と子のケース

相続人が配偶者と子の場合、遺留分はそれぞれ全体の１/4ずつとなる。子が複数いるときは、１/４を子の人数で等分する。

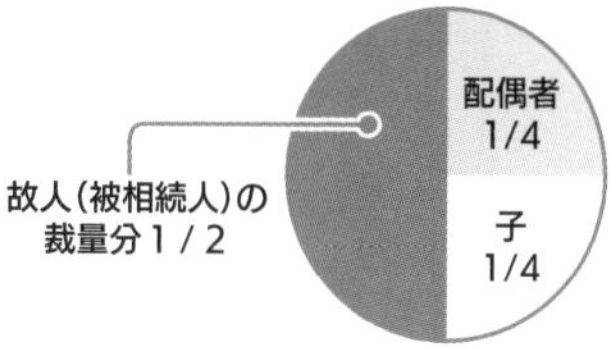

❷配偶者と親のケース

配偶者に子がなく、親が相続人の場合、遺留分は配偶者が全体の１/３、親が１/６となる。

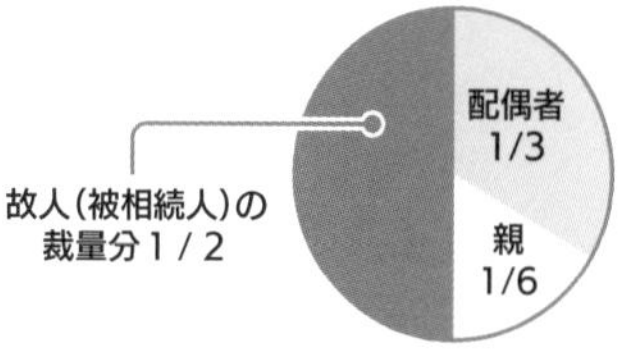

❸配偶者のみ、子のみのケース

相続人が配偶者のみ、または子のみの場合、遺留分は全体の１/２となる。

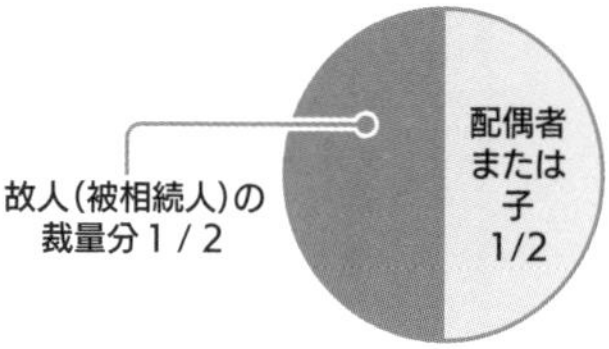

❹親のみのケース

故人に配偶者や子がなく、親のみが相続人の場合、遺留分は全体の１/３となる。

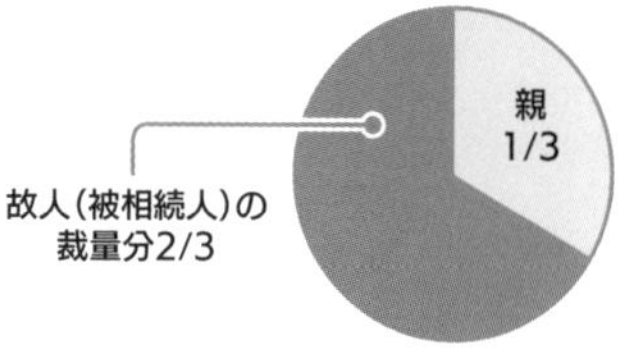

遺留分の計算例

6000万円の遺産があった故人の遺言書に「息子に1000万円、娘に500万円、残りはすべて友人に相続させる」と記載されていた場合の、遺留分の侵害とその計算をしてみましょう。

◎配偶者

6000万円×遺留分１/２×法定相続分１/２＝1500万円
1500万円－相続分０＝1500万円を請求できる。

◎息子

6000万円×遺留分１/２×法定相続分１/４＝750万円
750万円より相続分1000万円のほうが多いので、遺留分の侵害がなく請求できない。

◎娘

6000万円×遺留分１/２×法定相続分１/４＝750万円
750万円－相続分500万円＝250万円を請求できる。

11

遺産の分割協議

遺産の分割方法の話し合いは相続人の全員参加が原則です。特別受益と寄与分についても理解しておきましょう。

相続人全員で話し合う

　相続について遺言書がない、または遺言書に納得できない場合、誰が何を、どれだけ相続するかを決める「分割協議」を行います。すべての相続人がこの協議に参加することが原則で、相続人全員の同意を得た方法で行わなければなりません。遺産の分割方法には主に4種類あります。

❶現物分割…遺産を現物、つまりそのままの状態で各相続人に分ける方法。

❷代償分割…ひとりの相続人が遺産を相続し、他の相続人に対して代償金を支払う方法。

❸換価分割…相続した遺産を売却し、換金してそれを相続人で分割する方法。

❹共有…相続した遺産の一部または全部を相続人全員で割合に応じて共有する方法。

　話し合いがまとまらないときは、家庭裁判所での「遺産分割調停」（→P162）に進むことになります。

特別受益と寄与分

　遺産分割を公平にするために、生前の故人から受けた利益や貢献など考慮すべき点があります。

❶特別受益…ある相続人が、他の相続人と比較して故人から多めに金銭などの援助を受けていた場合、その分を生前贈与とみなします。

❷寄与分…故人の財産の形成や維持に貢献した相続人が、その貢献分を遺産総額からあらかじめ差し引いて取得できます。

遺産の分割方法4種類

遺産の分割方法には、どの方法にもメリットとデメリットがあります。それぞれの事情に応じて最適な方法を検討しましょう。

①現物分割

自宅は配偶者、土地は長男、預貯金は長女というように、遺産を各相続人に振り分けて分割する方法。取得する遺産によって価値にバラつきが出る可能性がある。

❷代償分割

不動産や土地などの分割が困難な遺産を特定の相続人が相続し、ほかの相続人に現金で差額を支払うことで相続の割合を公平にする方法。

❸換価分割

土地や不動産などを売却し、現金にした上で割合に応じて分割する方法。売却にともなって譲渡所得税などの税金が発生する遺産もあるので注意が必要。

❹共有

不動産などを相続人全員でその割合に応じて共有する方法。公平だが、将来的に共有者が増えていき、処分の際に全員の合意を得るのが困難になることもある。

特別受益の計算方法

遺産額に特別受益の金額を足す

↓

合計した金額を遺産総額として各相続人の相続分を算出する

↓

特別受益があった相続人は、相続分からその金額を差し引いた分を相続する

【特別受益に該当するもの】
- 遺贈（遺言による遺贈を受けたとき）
- 婚姻や養子縁組のための贈与（持参金や支度金、結納金など）
- 生計資本のための贈与（不動産購入時の資金援助、借金の肩代わりなど）
- 学費についてはさまざまな見解がある

寄与分の計算方法

遺産総額から寄与分の金額を引く

↓

差し引いた金額を遺産総額として各相続人の相続分を算出する

↓

寄与分があった相続人は、相続分にその分の金額を足した分を相続する

【寄与分に該当されるケース】
- 扶養型（生活費などの仕送りをし続けた場合）
- 家業従事型（事業を無償で手伝い、労働力を提供した場合）
- 財産給付型（借金を肩代わりしたり、家業などに財産を提供した場合）
- 療養看護型（無償で長期的に病気やけがの看病、介護をした場合）

12

分割協議の内容を残す

遺産の分割協議の結果、誰が何を相続することになったか、遺産分割協議書を作成して残しておきます。

合意内容を書面に残す

遺産の分割協議がまとまり、各相続人の相続分が決まったら「遺産分割協議書」を作成します。これは義務ではありませんが、不動産の名義変更の登記や故人の預貯金口座の解約など、いくつかの手続きでは必須のものとなります。また、**後のトラブルを回避する上でも合意内容を書面にまとめておくことをおすすめします。**

遺産分割協議書の様式について決まりはありません。最近は標準的な書き方から負債がある場合などまで、いろいろなパターンのフォーマットがインターネットでダウンロードできるので、参考にするのもよいでしょう。

全員の合意が絶対条件

遺産分割協議書の作成にあたって注意すべきポイントがあります。相続の対象となった遺産はすべて記入すること。たとえば不動産は登記簿通りの情報を、預貯金は銀行の支店名と口座番号まで記載します。また分割方法と割合はできるだけ具体的に記入します。各相続人の署名と捺印は、全員の同意を示すための大切な要素です。署名は自筆で、捺印は実印で行い、印鑑登録証明書を添付します。こうした**内容や表記が不明確だったりした場合、または新たな相続人の出現、財産を発見した場合、協議書に欠陥があるとみなされて無効になり、作り直しになるケースもある**ので注意しましょう。

遺産分割協議書の作成例

遺産分割協議書

被相続人　大泉 太郎(令和○年○月○日　死亡)
最後の住所　東京都新宿区矢来町六丁目１号
最後の本籍　東京都新宿区矢来町六丁目１号

上記被相続人の遺産について、次のとおり遺産分割協議を行った。

令和○年○月○日、東京都新宿区矢来町六丁目１号 大泉 太郎の死亡により開始した相続の共同相続人である大泉 花子、大泉 一朗の2名は、その相続財産について、次の通り分割を協議し、決定した。

１．相続人 大泉 花子は、次の不動産を取得する
土地(所在)東京都新宿区矢来町六丁目
(地番)１号
(地目)宅地
(地積)140.29㎡
建物(所在)東京都新宿区矢来町六丁目
(家屋番号)１号
(種類)居宅
(構造)鉄骨造スレート葺2階建
(床面積)1階 50.68㎡／2階 42.21㎡

不動産は登記簿通りの表記にする。

２．相続人 大泉 一朗は下記の財産を取得する
東京銀行東京支店の被相続人名義の預貯金
普通預金　口座番号01234567　のすべて

金融機関は支店、口座番号まで記載する。

３．相続人 大泉 一朗は被相続人の債務全てを継承する

４．相続人 大泉 一朗は被相続人名義の次の負債を継承する
金銭消費賃貸借契約　金500,000円
債権者　　○○ファイナンス株式会社

新たな財産が見つかった場合の対処法を記載する。

５．本協議書に記載なき遺産及び後日判明した遺産は、相続人全員がその財産について再度協議を行うこととする。上記協議の成立を証するため、署名押印したこの協議書を2通作成し、各自1通保有する。

令和○年○月○日

住所　東京都新宿区矢来町六丁目１号
相続人　大泉 花子　(実印)
住所　東京都新宿区矢来町五丁目１号
相続人　大泉 一郎　(実印)

13

遺産目録を作成する

遺産目録の作成は義務ではありませんが、遺産の全体像をつかむ確認作業のためにも作成しておきましょう。

相続財産を把握する

遺産分割協議（→P174）は、遺産の全体像をつかめないと始めることができません。そこで事前に「遺産目録」を作成し、相続できる財産を把握しておきましょう。この目録の作成は義務ではありませんが、**相続税の申告時（→P188）に役立ちますし、後に新たな遺産が見つかった場合などにも、整理して再度の遺産分割協議を進めることができます。**

遺産をリストアップする

遺産目録にリストアップすべき項目は主に次の5つです。探し方のポイントも合わせて紹介します。

❶不動産…土地や家屋、借地権と借家権も含みます。権利証や固定資産税納税通知書を探したり、故人名義の不動産を確認できる「名寄台帳」を都税事務所、市町村役場で閲覧します。

❷預貯金・現金…預貯金は普通や定期、積立なども含みます。通帳やカード、利用明細を探したり、故人の住所近くの銀行の支店に問い合わせる方法もあります（続柄を証明する書類などが必要）。

❸株式・投資信託…債権・小切手なども含む有価証券です。証券会社や銀行の通帳、取引報告書、明細書を探します。

❹動産…貴金属や自動車など❶～❸にあてはまらないものです。

❺負債…借金やローン、未納の税金などのマイナスの遺産です。借用書や請求書がないか確認します。

遺産目録の作成例

遺産目録の作成例を紹介します。不動産や預貯金など項目別に分けると内容が整理しやすくなります。マイナスの財産も忘れずにリストアップしておきましょう。

1　不動産

所在・地番	地目種類	地積・床面積	相続人	備考
東京都新宿区〇町〇号	居宅	125.00㎡	大泉花子	自宅
埼玉県〇市〇丁目〇番	宅地	96.00㎡	大泉一郎	

時価を調査する際に必要となるので、所在などの情報は正確に。

2　預貯金・現金

種別	銀行・支店名	口座番号	金額	相続人	備考
普通	〇〇銀行〇〇支店	1234567	2,100,000円	大泉花子	
定期	××銀行××支店	7654321	850,000円	大泉一郎	
現金			560000円	大泉一郎	

口座解約手続きの際に必要となるので、口座番号まですべて記載。

3　株式・投資信託

種別	証券会社	株式番号など	数量	相続人	備考
株式	〇〇証券会社	〇×〇△	500株	大泉花子	

4　動産

種別	名称など	数量	相続人	備考
貴金属	金製品・プラチナ製品	8点	大泉花子	
絵画	〇〇画	3点	大泉一郎	
自動車	トヨタ〇〇	1台	大泉一郎	5年使用

5　負債

種別	支払い・返済先	残額	相続人	備考
住宅ローン	〇〇銀行	1,800,000円	大泉一郎	毎月返済額30,000円

作成年月日　令和　〇年　〇月　〇日
記入者氏名

マイナスの財産も確認してすべて記載。

14

相続財産の名義変更と解約

相続した財産の中には、名義変更や解約などをしないと、自分のものとして使えないものがあります。

名義変更と解約

相続した財産のうち、現金や貴金属は実物を受け取れば手続きは完了しますが、**不動産や銀行口座などは自分の名義に変更もしくは解約しなければ、自由に処分することができません。**

土地や家屋といった不動産の相続には、登記の名義変更が必要です。所轄の法務局になるべく早く行って申請しましょう。ただし遺産分割協議書（→P176）や戸籍謄本など、登記申請に必要な書類は煩雑ですので、必要であれば有資格者に相談してから手続きしたほうがよいでしょう。

一方、動産にあたる銀行口座の預貯金や自動車、株式、電話などは名義変更や解約手続きが必要です。必要書類は故人の出生から死亡までの戸籍謄本や除籍謄本、相続人全員の住民票、戸籍謄本など多岐に渡るので、あらかじめ何が必要か、各機関に問い合わせてから役所でまとめて取得しましょう。

法定相続情報証明制度

相続手続きには、各窓口で故人の戸除籍謄本などを毎回提出する必要があり、時間と労力がかかります。そこで「法定相続情報証明制度」の利用をおすすめします。登記所（法務局）に戸籍書類などを一度提出すれば、**簡易な手続きで「法定相続情報一覧図」の写しを何枚でももらえます**。この写しを各種手続きの際に戸籍書類の代わりに提出することができるのです。

主な相続財産の名義変更と解約の手続き

●不動産：相続権があることを証明する書類（遺言書または遺産分割協議書など）、所有権移転登記申請書、故人の出生から死亡までの戸籍謄本、相続人の戸籍謄本と住民票、固定資産評価証明書、実印、印鑑登録証明書などを準備し、管轄の法務局で手続きする。

●銀行口座：遺言書や遺産分割協議書の有無によって、また預貯金残額の金額によっても金融機関個別の対応があるので注意。口座のある最寄りの銀行の支店に連絡して、必要な手続きについて説明を受けること。

●自動車：陸運局の検査登録事務所または運輸支局で手続きする。基本書類に加えて自動車検査証が必要。

●株式：有価証券を含む。証券会社に名義人の死亡を連絡すると、名義変更に必要な書類が送られてくるので、それに基づいて手続きを進めること。

●電話：固定電話の加入権は相続財産にあたる。加入承継届出書と、被相続人と相続人の戸籍謄本をNTTに届け出ること。

「法定相続情報証明制度」と「法定相続情報一覧図」の作成例

平成29年５月から始まった「法定相続情報証明制度」とは、登記所（法務局）に戸除籍謄本などと一緒に「法定相続情報一覧図」（相続関係を一覧に表した図）を提出すると、登記官がその一覧図に認証文を付した写しを無料で交付してくれる制度です。この一覧図の写しを利用すれば、各窓口で戸除籍謄本などを何度も出しなおす必要がなくなります。

被相続人 大泉太郎 法定相続情報

最後の住所　東京都新宿区矢来町六丁目1号
最後の本籍　東京都新宿区矢来町六丁目1号
出生　昭和20年6月8日
死亡　令和2年9月15日
（被相続人）
大泉太郎

住所　東京都新宿区矢来町五丁目1号
出生　昭和45年8月3日
（長男）
大泉一郎（申出人）

住所　東京都武蔵野市西久保三丁目10
出生　昭和49年2月21日
（二男）
大泉二郎

住所　東京都新宿区矢来町六丁目1号
出生　昭和22年3月5日
（妻）
大泉花子

作成日：令和2年9月29日
作成者：住所　東京都新宿区矢来町五丁目1号
氏名　大泉一郎　印

以下余白

これは、令和2年9月29日に申出のあった当局保管に係る法定相続情報一覧図の写しである。

令和2年〇月〇日
〇〇法務局〇〇出張所

登記官　〇〇〇〇　職印

※手続きによっては、従来通り戸籍謄本などを要求されることもあるので注意。

第5章 遺産の相続手続き

15

相続税の基本知識

相続開始を知った翌日から10か月以内

相続税とは、故人の遺産を相続するときに、もらい受けた財産に対して課される税金のことです。

相続税の基本

相続税とは、相続や遺贈によって相続人が取得した財産に課される国税です。相続開始を知った翌日から10か月以内に申告と納付をする必要があります。課税対象となるものは、主に次の3つです。

❶**相続によって得た財産**…被相続人(故人)が所有しており、相続によって引き継がれた財産のすべて(金銭に換算できるもの)。

❷**みなし相続で得た財産**…生命保険金や退職金のように、被相続人が亡くなったことで得た財産のうち、非課税分(500万円×法定相続人数)を上回る分。

❸**贈与で得た財産**…被相続人が亡くなった日から前3年以内に相続人が受けた贈与。

一方、墓地や墓石、仏壇など祖先を祀《まつ》るための祭《さい》祀《し》財産、慈善活動や学術的な研究など公益事業のための資金、国や地方公共団体への寄附金などは非課税財産として相続税がかかりません。

相続税の課税対象

相続税は、遺産の総額から債務や非課税財産、相続人が負担した葬儀費用などを差し引いたものを財産総額とし、ここから一定額を引いたものが課税対象となります。この一定額**「3000万円+(600万円×法定相続人数)」が基礎控除と呼ばれるもので、この計算(→P185)で課税遺産総額が0円を超えなければ相続税は発生しません。**

課税・非課税財産一覧

課税財産	相続財産	現金・預貯金		
		株式・有価証券		上場株式・投資信託・公社債・同族株式など
		土地	田畑	自用地・貸付地・耕作権など
			宅地	住居用・事業用・賃宅地・借地権など
			山林	普通山林・保安林など
			その他	牧場・鉱泉地など
		建物		家屋など
		家財道具		冷蔵庫・たんすなどすべての家財道具
		芸術品		貴金属・絵画・書画・骨董・宝石など
		乗り物		自動車・船舶など
		家業		商品・製品・原材料・営業権・機械資材・自動車や船舶設備など
		その他		ゴルフ会員権・電話加入権・貸付金・内掛金・受取手形など
	みなし相続財産	死亡退職金		退職金・功労金など
		死亡保険金		生命保険金・損害保険金など
		その他		特別寄与者が受け取った特別寄与料の額など
	贈与財産	相続開始より3年前以内に受けた贈与財産		
		相続時精算課税制度を利用した贈与財産など		
非課税財産	祭祀財産	墓地・墓石・仏具・仏壇・位牌など		
	公益目的の事業用財産	宗教・慈善・芸術など公益を目的とする事業に使用した財産		
	特定寄附	相続税の申告までに国や地方自治体、公益目的の団体に寄附した財産		
	控除	生命保険金、死亡退職金にかかる非課税分の財産		

16

相続税を計算する

課税財産にあたるものはすべて評価して総額を出します。控除額を含め、相続税の計算方法を知っておきましょう。

財産を評価して計算する

相続財産が確定したら、課税財産にあたるものはすべて評価をして、財産の総額を算出しなければなりません。**財産それぞれに評価の基準があり、それを合わせて計算するために作業は複雑になります。**相続税の評価と計算は税理士が行いますが、特に評価と計算が難解な不動産については、不動産鑑定士もいます。項目に合わせて有資格者に相談・依頼するほうが、間違いがなく安心でしょう

相続税の計算方法は次の5段階（→左ページ）で行います。186ページの事例も参照してください。

❶課税価格を計算
❷課税対象の遺産総額を計算
❸相続人全員の相続税総額を計算
❹各相続人の相続税を按分《あんぶん》計算
❺各相続人の控除額を引く

そのほかの控除について

相続税にはすべての相続人に無条件に適用される「基礎控除」（→P182）のほかに、遺族のその後の生活を保障するための「配偶者控除」「未成年者控除」「障害者控除」などがあります。また納税の負担を軽減するための「相次相続控除」「贈与税額控除」などもあります。このような**特例を受けるためには、さまざまな条件と申告方法があるので、税理士などに相談することをおすすめします。**こうした各種控除を利用した結果、相続税が不要になる場合は申告が必要になることを覚えておきましょう。

相続税の計算方法

❶課税価格を計算

すべての相続財産から非課税財産(→P183)や債務、葬儀費用などを引いて課税価格を出す。

❷課税対象の遺産総額を計算

A: 基礎控除額「3000万円+(600万円×法定相続人数)」を計算する。
B:①の課税価格からAの基礎控除額を引いて課税対象になる遺産総額を出す。

◎相続税の速算表

基礎控除後の課税財産	税率	控除額
1000万円以下	10%	控除なし
~3000万円以下	15%	50万円
~5000万円以下	20%	200万円
~1億円以下	30%	700万円
~2億円以下	40%	1700万円
~3億円以下	45%	2700万円
~6億円以下	50%	4200万円
6億円超	55%	7200万円

※この表で法定相続人ごとの税額を合計したものが相続税対象総額になる(令和2年1月現在)。

❸相続人全員の相続税総額を計算

A:法定相続分に従って分割したと仮定し、各相続人の相続税額を算出する。
B:各人の取得分に相続税の速算表(右上の表)を見て税率を掛け、控除額があれば引く。
C:各人の相続税額を合計して相続税の総額を出す。

❹各相続人の相続税を按分計算

相続税の総額に、各相続人が実際に相続する財産の割合で按分し、各人の実際の相続税額を出す。

❺各相続人の控除額を引く

相続人の条件に応じた控除(下記)があればそれを差し引き、それぞれが納める税額を出す。

ここで課税遺産総額がプラスならば納税が必要。マイナスならば納税は不要。

※平成28年度では、全相続人の8%程度が実際の相続税納付の対象者でした。

相続人の条件に応じた控除

●配偶者控除…配偶者の相続する財産が、法定相続分か1億6000万円までのどちらか高い方まで、非課税になる。

●未成年者控除…未成年者の法定相続人は、20歳に達するまでの年数1年につき、10万円が控除される。

●障害者控除…障害者の場合、対象者の年齢が85歳になるまでの年数1年につき、10万円(特別障害者は20万円)が控除される。

●相次相続控除…10年以内に2回以上の相続が続いたときには、一定の割合を相続税額から控除できる。

●贈与税額控除…相続開始前3年以内に被相続人から贈与を受けた財産があり、贈与税を支払っている場合は、その税額が相続税額から控除される。

相続税の計算事例

事例に従った計算方法を紹介します。財産の種類と金額が多い場合は計算がかなり煩雑になるので、税理士や弁護士に相談・依頼した方が確実です。

相続財産

自宅…8,000万円
預貯金…4,000万円
その他…400万円
みなし相続財産…0円
非課税財産…△100円
ローンなどの債務…△500万円
葬儀費用…△200万円

①課税価格を計算

すべての相続財産から非課税財産や債務、葬儀費用などを引いて課税価格を出す。

プラスの財産（8,000万円＋4,000万円＋400万円）＝1億2,400万円
マイナスの財産（100万円＋500万円＋200万円）＝800万円
1億2,400万円－800万円＝1億1,600万円

②課税対象の遺産総額を計算

A：基礎控除額「3000万円＋（600万円×法定相続人の数）」を計算する。
3,000万円＋（600万円×3人）＝4,800万円

B：①の課税価格からAの基礎控除額を引いて課税対象になる遺産総額を出す。
1億1,600万円－4,800万円＝6,800万円

③相続人全員の相続税総額を計算

A：法定相続分に従って分割したと仮定し、
各相続人の相続税額を算出する。

妻　**6,800万円×1／2＝3,400万円**
長男　**6,800万円×1／4＝1,700万円**
長女　**6,800万円×1／4＝1,700万円**

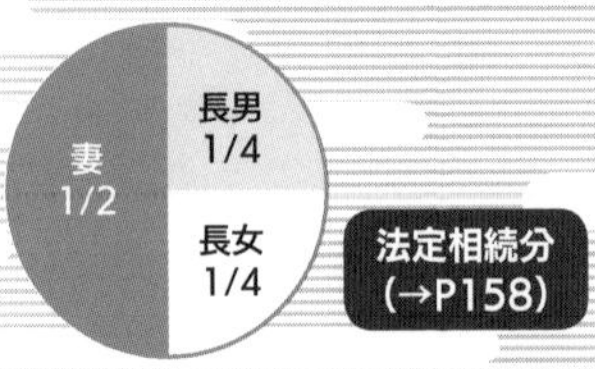

③相続人全員の相続税総額を計算

B:各人の取得分に「相続税の速算表」(→P185)を見て税率を掛け、控除額があれば引く。

妻　**(3,400万円×20%)－200万円＝480万円**
長男　**(1,700万円×15%)－50万円＝205万円**
長女　**(1,700万円×15%)－50万円＝205万円**

C:各人の相続税額を合計して相続税の総額を出す。

480万円＋205万円＋205万円＝890万円

④各相続人の相続税を按分《あんぶん》計算

相続税の総額に、各相続人が実際に相続する財産の割合で按分し、各人の実際の相続税額を出す。(実際に取得した相続割合が妻1／2、長男1／4、長女1／4だった場合)

妻　**890万円×1／2＝445万円**
長男　**890万円×1／4＝222万5,000円**
長女　**890万円×1／4＝222万5,000円**

⑤各相続人の控除額を引く

相続人の条件に応じた控除(→P185)があればそれを差し引き(申告が必要)、それぞれが納める税額を出す。

妻　配偶者控除が受けられれば、**相続税は0**
長男　控除がないので、**相続税は222万5,000円**
長女　18歳で未成年者控除が受けられるので、2年(20歳になるまでの年数)×10万円＝20万円が引かれて**相続税は202万5,000円**

納税する相続税額

※計算例はあくまでも目安です。相続税額の詳細については、税理士や弁護士などに相談しましょう。

17

相続税の申告と納付

相続開始を知った翌日から10か月以内

相続税の申告と納付は故人の住所地を管轄する税務署で行います。要件を満たせば延納や物納にする方法もあります。

相続税の手続き

相続税の申告と納付は相続開始を知った翌日から10か月以内に行います。**この期限を過ぎてしまうと、無申告加算税や延滞税が課せられるので注意が必要です。**

申告書は税務署でもらうことができます。すべての申告書に必ずしも記入する必要はありませんが、第1表から第15表まであり、さらには添付する書類もかなりの量に及びます。財産が多かったり評価が困難だったりする場合は、税理士などに依頼した方が確実でしょう。「相続税申告に必要な書類一覧」(↓左ページ)と一般的な事例での「相続税申告書の記入順序」(↓P190)を参考にしてください。

なお、期限までに分割協議(↓P174)がまとまらないときは、とりあえず法定相続分通りに分割したと仮定して相続税を支払います。そうして協議決定後に、納税したぶんの返還、あるいは追加の納税を行いましょう。

延納と物納について

申告は相続人が共同で行いますが、納付は各自で行い、金銭での一括納付が原則です。しかし期限までの支払いが難しい場合は、複数回に分割して払う「延納」や、物で納める「物納」を申請することも可能です。ただし**申請が許可されるには、一定の条件を満たす必要があります**。また延納には利子税が加算されますし、物納できる財産には順位があるので注意です。

相続税申告に必要な書類一覧

			必要書類
身分証明	故人（被相続人）が生まれてから亡くなるまでの戸籍謄本・除籍謄本		
身分証明	故人（被相続人）の経歴書		
身分証明	相続関係説明図		
身分証明	相続人全員の戸籍謄本		
身分証明	相続人全員の印鑑証明書		
身分証明	相続人全員の住民票		
身分証明	遺産分割協議書または遺言書のコピー		
身分証明	番号確認書類（マイナンバーカード、通知カードの写しなど）		
身分証明	身元確認書類（運転免許証の写し、パスポートの写しなど）		
財産証明	ほとんどの人が必要	土地・建物	固定資産税評価証明書、不動産登記簿謄本、名寄帳、路線価図、建物賃貸借契約書など
財産証明	ほとんどの人が必要	現金・預貯金	預貯金残高証明書（相続開始日現在のもの）、預貯金通帳のコピーなど
財産証明	ほとんどの人が必要	有価証券	有価証券の保護預かり証のコピー、有価証券残高証明書（相続開始日現在のもの）、非上場株式、国債の残高証明書など
財産証明	ほとんどの人が必要	退職金	退職金の支払調書など
財産証明	ほとんどの人が必要	保険・年金	死亡保険金の支払通知書、年金証明書、保険証書など
財産証明	ほとんどの人が必要	葬儀費用	領収書、帳簿など
財産証明	ほとんどの人が必要	債務など	準確定申告書、国税・地方税の領収書または通知書、借入借用書、賃貸借契約書など
財産証明	該当する場合に必要	生前贈与財産	贈与契約書、贈与税申告書、預貯金通帳、有価証券取引明細書など
財産証明	該当する場合に必要	障害者	身体障害者手帳
財産証明	該当する場合に必要	相次相続	前回の相続税申告書

※上記は一般的な事例の場合についてのものです。詳しくは税務署または税理士に確認のこと。

相続税申告書の記入順序（一般例）

相続税の申告には多くの様式があるので、下記の図などを参考に必要な書類を選んで作成します。❶から❺の順序で記入していきましょう。

❶相続税のかかる財産について、第9～11表を作成する。
❷被相続人の債務や葬儀費用については第13表を、生前贈与加算については第14表を作成する。
❸第11～14表をもとに、第15表を作成する。
❹課税価格の合計額、相続税の総額を計算するため、第1・2表を作成する。
❺税額控除額を計算するため、第4～8表を作成する。それを第1表に転記し、各相続人の納付税額を算定する。

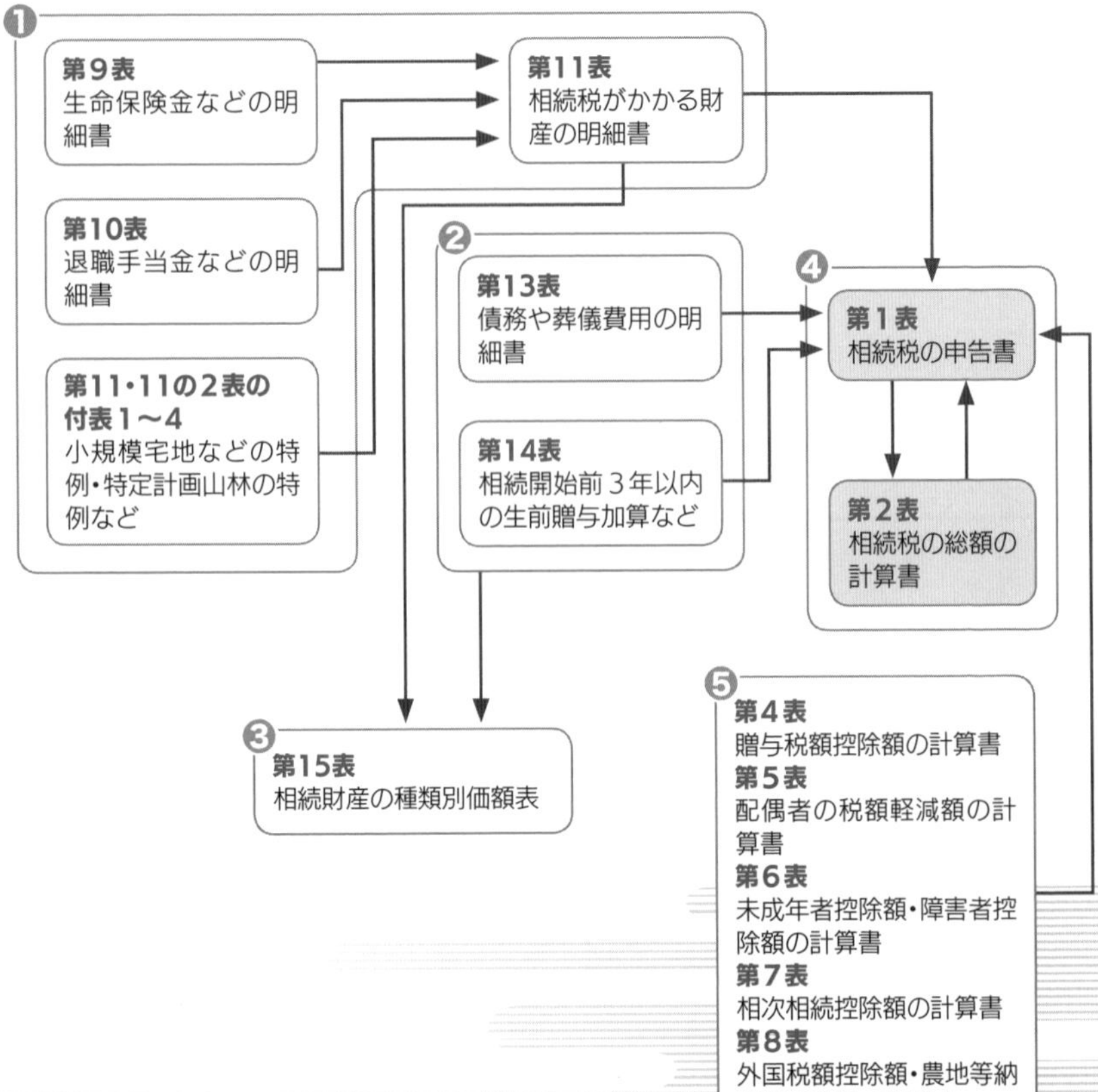

※上記はあくまでも一般例です。農業相続人がいる場合などはこれに該当しないので、税務署などに事前に確認してください。

第6章

生前に備えておく手続き

第6章　生前に備えておく手続き

1

親世代の終活のすすめ

人生のエンディングに向けて終活をすることで、改めて自分を見つめなおす良い機会になるでしょう。

終活は旅立ちの準備

学生から社会人へのステップとして就活（就職活動）をするように、人生の終わりに向けて「終活」をする高齢者が増えています。**終活とは、単に自分の身の回りを整理しておくことだけではなく、死を迎える瞬間をどのように過ごしたいか、死後はどのように送られたいか、認知症になった場合についてなどを事前に考えることでもあります。**核家族化が進み、社会や家族とのつながりが希薄になった現代ならではの現象とも言えます。

エンディングノート

ただし終活と言っても具体的に何をすればいいのか、すぐには思い浮かばないでしょう。そこで**「エンディングノート」を作ることをおすすめします。**書き方に決まりはありませんが、遺された家族に自分の意思を伝えるという点から、ノートのような形になっているものが相応しいでしょう。また、最近は数多くのエンディングノートが市販されていますし、ネット上からも取得できます。そうした既製品は項目（↓左ページ）に従って記入すれば、ある程度まとまった内容になるので活用するのも方法です。

エンディングノートの制作は、あまり構えず気楽に始めてみましょう。一度に完璧を目指す必要はありません。自分の人生を振り返りながら、書けるところから始め、後で変更も可能だと思うことで「終活疲れ」も防ぐことができます。

エンディングノートの項目例

エンディングノートに書き方の決まりはありません。下記の中で、人生を振り返ってみたいもの、家族に伝えたいこと、残したいもの、もしものときなどを考え、取捨選択して記入していきましょう。

	項目	詳細
自分自身の記録	自身と家族の基本データ	氏名、生年月日、本籍地、緊急連絡先など
	家系図	自分を中心に祖父母、孫までの血縁者を書く(→P194)
	親せき住所録	自分との続柄も書いておく
	友人住所録	間柄、関係性なども書いておく
	学校について	名称や所在地、転校の有無、卒年など
	仕事について	所属していた会社名や勤務地、期間、仕事の内容など
	集まりについて	趣味やスポーツなど所属していたクラブ、団体
	思い出	楽しかったこと、悲しかったこと、頑張ったこと、趣味・特技など
	自身の軌跡	日本地図または世界地図上に、自分の出生から今に至る「移動」状況を可視化する(→P195)
	財産について	遺族に分かるように保管場所を含めて漏れなく書いておく(→P196)
もしものとき	自身の病歴	過去に治療した病気やけが、現在治療中の病気など
	服用薬品	現在飲んでいる薬、アレルギーなど
	緊急時連絡病院	かかりつけの病院があれば、住所、電話番号、担当医師の氏名
	終末期医療・延命処置について	余命の告知、延命処置や尊厳死についての意思、希望など(→P197)
	介護について	現在の状況、介護関係者データ、希望する介護、費用など
	成年後見制度	将来、認知症になった場合に備えた任意後見契約
	相続人について	戸籍から家系図を作成し、相続人が誰になるか確認する
	遺言書について	作成した遺言書があれば、その種類と保管場所
葬儀・供養について	死後の連絡希望リスト	危篤時の連絡、葬式の日程が決まったときの連絡と分ける
	献体・臓器提供	事前の意思表示があれば、登録先など
	葬儀進行	葬儀社の選定、通夜、告別式を含めて葬儀の規模、種類などの希望
	自身の供養環境	菩《ぼ》提《だい》寺《じ》の有無、お墓の有無、仏壇の有無または希望
	お墓について	お墓の維持、新墓所、改葬・墓じまいなどの希望
	ペットについて	遺されたペットをどうするのかなどの希望
	デジタル遺品について	デジタル関連の退会・解約などに関連するアドレスやパスワード

私の家系図

相続や祭《さい》祀《し》主宰に大きく関係するので、「私」を中心に主だった血縁者（祖父母、孫まで）をメモしておきましょう。

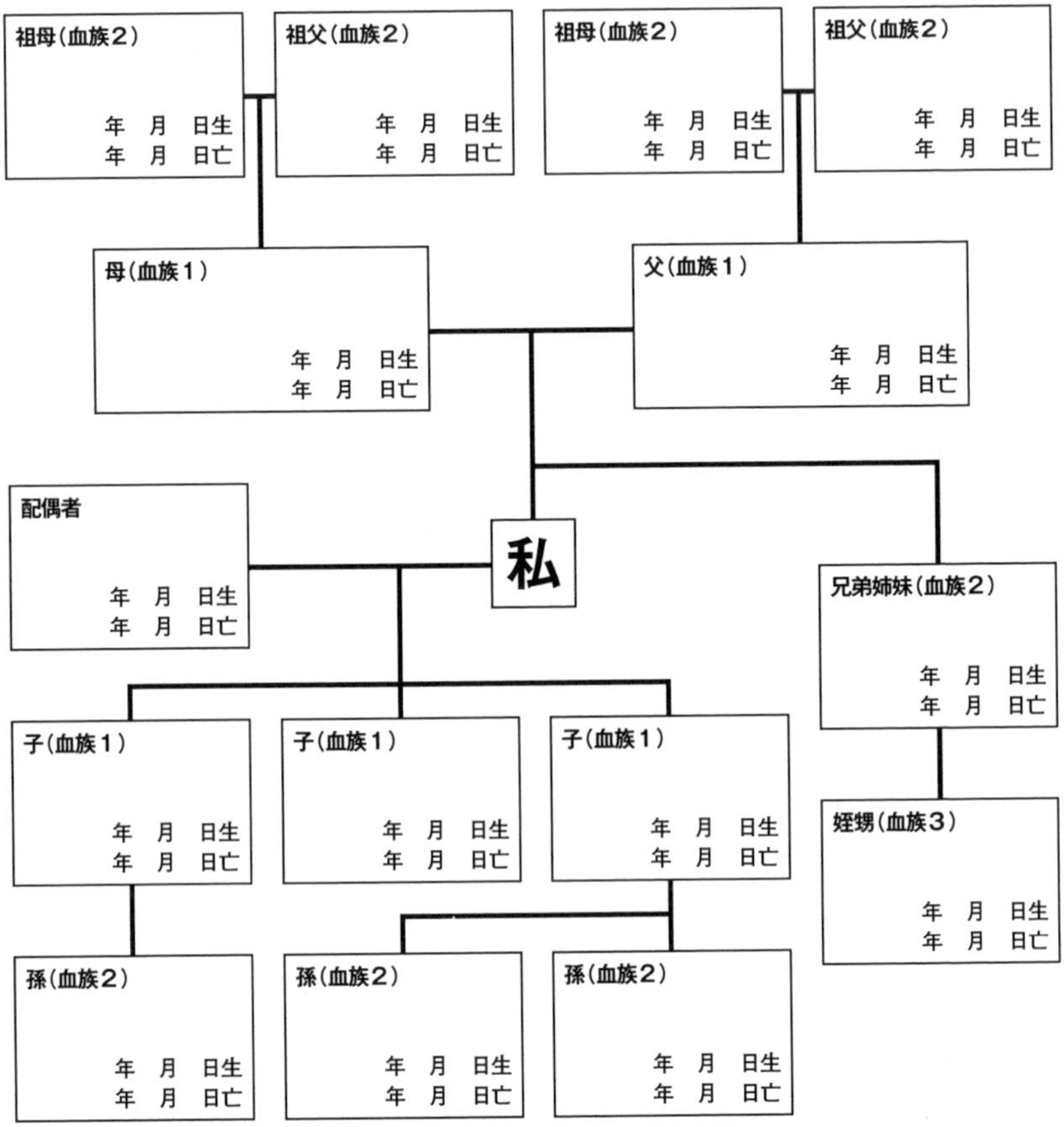

子、兄弟姉妹などが書き切れない場合は、ここに記入しておく

※P194～197：日本葬祭アカデミー教務研究室「マイ・エンディングノート」から抜粋。

私の人生の移動軌跡

日本地図または世界地図上に、 自分の出生から今に至る移動の軌跡をたどり、可視化して自分史の参考にしましょう。

	場所	時期	出来事など
①	生まれたところ		
②			
③			
④			
⑤			
⑥			
⑦			

財産について

私の財産について、遺族に分かるように漏れなく書いておく。預貯金通帳や株式・有価証券などの保管場所は、家族だけに分かる符丁などをあらかじめ決めておくと良いでしょう。

1．不動産

土地・建物	所在	地番・家屋番号	その他（持分など）

2．預貯金

金融機関名	支店	種類と口座番号	備考（貸金庫の有無など）

3．株式・有価証券（国債・投資信託など）

銘柄・種類	数量・金額	証券会社・金融機関名	備考

4．その他の財産（貴金属・各種会員権など）

品名・種類	数量	保管場所	備考

5．貸付金・借入金など

相手先	連絡先	金額	備考

6．保険など

保険会社	種類	証券番号	受取人

7．年金（国民年金・厚生年金・各種団体年金など）

基礎年金番号（10桁）＿＿＿＿＿＿＿＿＿＿＿＿＿＿＿＿＿＿＿＿

年金の種類	支払元・保険会社	証券番号	備考

8．インターネット契約など

サービス名	ID	パスワード	備考

終末期医療・延命処置について

終末期医療において、本人の意思確認が難しい状況では、本人の意思に反した処置が行われる可能性があります。いざという段になって家族間での意見の相違によるトラブルを防ぐためにも、日ごろから家族に自分の希望を伝え、理解を得ておくことが大切です。

終末期医療に対する私の希望(私の宣言書)

・余命が確定したら

□告知しないでください
□告知してください
□家族や後見人の判断に任せます
□その他(　　　　　　　　　　　　　　　　　　　　　　　　)

・延命処置について

□この書式とは別に「尊厳死宣言書」を作成しています
(保管場所・預けている人は　　　　　　　　　　　　　　　　)
□死期を延ばすためだけの延命処置は希望しません
□積極的に延命処置を行うことを希望します
□その時点での医療者の判断に委ねます
□家族や後見人の判断に任せます
□その他(　　　　　　　　　　　　　　　　　　　　　　　　)

・経口摂取ができない場合の栄養補給について

□水分補給以外の経管栄養(経鼻・胃ろうなど)は希望しません
□経管栄養を希望します
□その時点での医療者の判断に委ねます
□その他(　　　　　　　　　　　　　　　　　　　　　　　　)

・献体および臓器提供について

□希望します(具体的には　　　　　　　　　　　　　　　　　)
□希望しません

この上記の内容は、私の精神が健全な状態にあるときに記入したものです。医療上の判断が必要になった場合、医師および親族などは私の意思にしたがって対処していただくことをお願いします。

記入日　　年　　月　　日

(自署)　氏名 ______________________　実印

家族で話し合う❶ お葬式のイメージ 2

親世代はお葬式への悩みや不安を持っていることが多いので、家族で一度話し合う機会を持ちましょう。

親世代の不安

お葬式のやり方やお墓の守り方について、これまでは「こうあるべき」というお手本や指針がありました。しかし最近親世代の人びとの多くは、そうしたしきたりなどに心理的負担を感じたり、子どもに経済的に迷惑をかけたくないと思うようになってきているようです。

こうした不安を理由として「お葬式もお墓も不要」という選択に直結することがありますが、**正しい情報や知識を持たないままイメージだけで決定すると、思わぬトラブルを招くことがあります**。そこで、たとえば法事やお盆など、家族で集まったときに話し合う機会を持つことをおすすめします。

お葬式について

生前にお葬式の話をすることに抵抗を持つ家族がいることも確かです。しかし、子どもが親の気持ちを知り、その意向に沿うように知恵を働かせることは、親孝行のひとつです。もちろん、親が一方的にすべてを決めるのではなく、家族で話し合いながらそのイメージを具体化していけばよいのです。

お葬式について家族で話し合うべきポイントは、お葬式の「場所、人数、費用、質」の4つ（↓左ページ）です。最近は高齢化に伴って会葬者の人数が減り、お葬式の規模も縮小の傾向にありますので、お金をかける（こだわりたい）部分はどこかと家族で話し合い、葬儀社の見学会に参加するのも方法です。

生前に話し合っておきたいお葬式のポイント4つ

「親子だから訊きにくい」という遠慮は、後に大きな後悔のもとになります。親に「お葬式は普通でいい」などという曖昧な意向があるときは、子ども側から促して話し合うことで、そのイメージを明確にしていきましょう。

ポイント①場所

お葬式を執り行う場所を話し合う。おもな選択肢としては、田舎の菩提寺《ぼだいじ》がある場所の近くで行うか、現在の住まい(自宅)かその近くで行う2つ。前者は親族との関係、後者は現在の交友関係を重視する意味を持つ。

ポイント②人数

会葬に来てくれるであろう人数をある程度算出する。この人数によって自宅で可能なのか、または葬祭ホールの規模や通夜振る舞いの料理数、葬儀社の人件費が変わる。会葬者の人数からお葬式のイメージを具体化する。

ポイント③費用

お葬式全体にかける費用を決め、そこから葬儀と告別式の費用を割り当てる。祭壇の飾りや菩提寺に対してお金をかけたいなら葬儀費用を厚めに、親族や会葬者への対応にお金をかけたいなら告別式費用に比重をかける。

ポイント④質

会葬者へしてあげたいことを話し合う。たとえば葬儀は近親者のみで執り行い、後に親しい人を招いて「お別れ会(→P54)」をしたり、「音楽葬(→P56)」などを希望しているなら、残される者たちの事前準備が必要になる。

Q A

「お葬式は不要」という親の希望には?

お葬式は、故人だけでなく残された家族・親族、友人・知人のためにもあるものです。お葬式をしないと、故人が亡くなった事実を、残された者たちが受け入れる機会を失くす場合もありますし、たくさんの友人・知人が問い合わせや弔問《ちょうもん》に訪れ、家族が疲弊してしまう場合もあります。こうした無用なトラブルを避けるためにも、事前に家族で一度しっかりとお葬式の本来の意味について話し合う機会を持ちましょう。

家族で話し合う② 今後のお墓について

3

今後の菩提寺との関係や、新しいお墓の購入など、親と子それぞれの希望や心がまえなどを話し合っておきましょう。

檀家の引き継ぎ

子どもが自分の家族の宗派や菩《ぼ》提《だい》寺《じ》のことを詳しく知っているかと問われたら、返答に苦しむかもしれません。それほど現代では宗教離れ、お寺離れが進んでいるという証拠ですが、菩提寺にお墓がある限り、親が亡くなれば子どもが代替わりして承継していくものです。

そこで檀家を引き継ぐ準備として、**機会があれば子どもから親に檀家としての役割を確認しておくことをおすすめします**。またできれば、親の生前から菩提寺との関係作りをしておくことも有用です。さらに、もし菩提寺との解消（離檀と言います）を望んでいるのであれば、他の親族とも話し合うなど慎重な行動が必要です。

お墓の購入と承継

親が新たなお墓の購入を検討しているのであれば、そのお墓を子や孫に承継してもらいたいかどうか、家族で話し合う必要があります。お墓の承継が親子の意思であれば、すべてを親任せにしないで、子どもの希望もくみ取るべきだからです。たとえば一人娘が他家に嫁いでいても、子どもとしての希望があるはずです。承継の手法にはいろいろな施設や選択肢（→P136）があるので検討しておきましょう。

お墓の購入は、場所選びや墓地の見学・契約、墓石選びなど、かなりの時間と労力が必要になります。だからこそ、親子で相談しながら進めていきましょう。

菩提寺について確認しておきたいこと

- 承継者の制限(長男に限るなど)はあるか。
- 菩提寺の行事などがあるか、参加義務はあるか。
- 檀家として任されている係や当番などはあるか。
- 墓地の使用料はいくらか。
- 護寺会費用はいくらか。
- その他、檀家として負担すべきお金はあるか。

Q A

親の葬儀で他宗派の僧侶に読経を頼んだら？

菩提寺になんの相談もせず、葬儀で他宗派の僧侶に読経を依頼した場合は、後々トラブルになる可能性があります。菩提寺に納骨をする際、他宗派の戒名《かいみょう》が付いていると納骨を断られたり、お葬式からやり直すように要求されることもあるからです。菩提寺がある場合は、親の生前中に一度しっかりと話し合いを行うことをおすすめします。

お墓の購入について話し合うポイント

ポイント①お墓を購入する場所

- 菩提寺に新たに購入
- 現在の親の生活圏で購入
- 現在の子どもの生活圏で購入

ポイント②宗教について

- 信仰している宗教のまま
- 改宗する
- 無宗教にする

ポイント③お墓の形態

- 寺院墓地
- 公営墓地
- 民営墓地

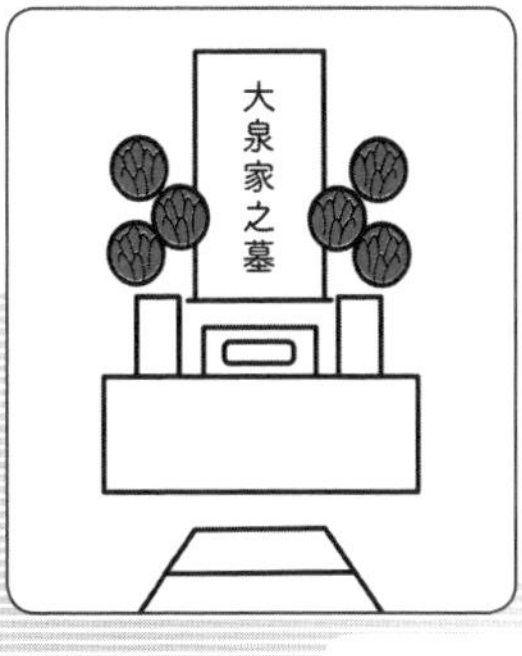

ポイント④承継について

- 承継を望むかどうか(長男二男・娘にかかわりなく)
- 分骨で各自がそれぞれに承継する
- 永代供養付きの納骨堂や樹木墓地に委託する
- 散骨や合葬で特に供養承継はしない

4

家族で話し合う③
兄弟姉妹で話し合う

兄弟姉妹で親の希望を聞き、話し合っておくことで、親が亡くなった後の無用なトラブルを避けましょう。

親の希望を聞き出すコツ

お葬式などの親の希望を聞きたいとき、**本人に直接には問いづらい場合は、もう一方の親にそれとなく訊いてみる方法も有効です。**たとえばお葬式の話などを「縁起でもない」と言うような父親であれば、母親に「田舎と今の家のほうのどっちでお葬式をするのがいいのかな」「祭壇とかどんな感じがいいんだろうね」と訊いてみましょう。父親の希望を聞き出しながら、さらに「私だったら…」と母親の希望も聞けるかもしれません。また親がエンディングノートを活用していて、見せることを了承してもらえれば、具体的な内容を知ることができるはずです。

親の希望を共有する

兄弟や姉妹がいる場合、親が亡くなった後に「父はそんなこと望まないはずだ」「母はこうしたかったと思う」などと、兄弟姉妹の間でいさかいが起こることは避けたいものです。そのためお葬式や供養、お墓などについても、**まずは親の希望を聞き、兄弟姉妹でそれを共有しておくことをおすすめします。**

兄弟姉妹で共有しておくべきおもな情報は次の4つです。

❶どんなお葬式を望んでいるか
❷お葬式の喪主と施主《せしゅ》の決定
❸お墓を今後どうしたいのか
❹田舎づきあいを重視するのか

話し合いでは子どもたちですべてを背負わず、親がやるべきことを明確にすることも大切です。

兄弟姉妹の間で共有しておきたい情報

兄弟姉妹の間で話し合いをするとき、誰かが主導権を握って進めていくことをおすすめします。長男や長女でもかまいませんし、親と同居している子ども(親の希望を聞き出しやすい環境)がいれば、その人でも良いでしょう。

①どんなお葬式を望んでいるか

親がどんなお葬式を希望しているのか確認しておく。お葬式の「場所、人数、費用、質」(→P199)に付随して、さらに具体的に祭壇や棺、霊柩車《れいきゅうしゃ》にも豪華さなどでランクがあることを親に知ってもらい、子どもたちでその情報を共有しておく。

③お墓を今後どうしたいのか

親の希望を聞き出して兄弟姉妹で話し合っておく。お墓の承継については、後々の子どもたちに比重のかかる問題なので兄弟姉妹間で相談する。もし親の希望とズレがあるならば、親を含めた家族全員で話し合う機会を持つ。

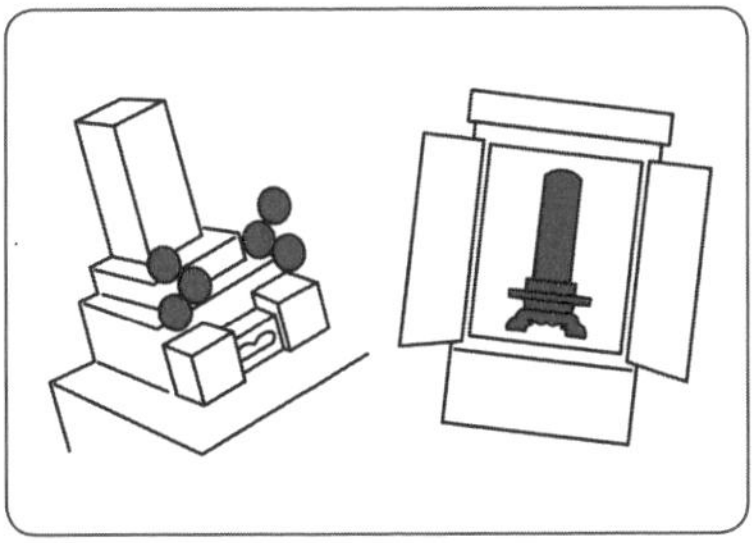

②お葬式の喪主と施主の決定

喪主はお葬式、お墓の承継や年忌《ねんき》法要などの供養の責任者。男女を問わず子どもたちで決めておくとよい。また施主とは、それら供養にかかわる費用を負担する意味合いがあり、必ずしも「喪主＝施主」ではない。具体的な費用負担についても事前に話し合っておく。

④田舎づきあいを重視するのか

お葬式を執り行う場所や菩提寺《ぼだいじ》などと関連する問題で、親が田舎づきあいを今後も重視してほしいのか、今の生活圏での付き合いを大事にしたいのかを知る。特に親と同居している子がいる場合など、その子どもを中心に兄弟姉妹間での話し合いの基本ともなる情報。

Q A

喪主は長男もしくは長女がすべき？

長男や長女が喪主をすべきという決まりはありませんが、慣例的に年長者が担う傾向はあります。また故人の配偶者が(負担にならなければ)喪主を務めることも多くあります。ただし、親の家業を次男が継いだ場合など、次男が喪主を務めるほうがふさわしいケースもあります。

は行

ま行

や行

ら行

た行

な行

さ行

さくいん

※太字になっているページは詳細に解説している部分です。

あ行

か行

監修

二村祐輔（ふたむら　ゆうすけ）

日本葬祭アカデミー教務研究室（「葬祭カウンセラー」認定認証団体）主宰。一般社団法人日本葬祭情報管理協議会（PIP認証）理事。有限会社セピア（葬祭供養関連企業コンサルタント会社）代表取締役。東洋大学「葬祭ビジネス論」担当非常勤講師。葬祭業務の実務に約18年間携わり、独立後は関連企業の研修や企画営業の拡充策、葬祭ホール、納骨堂などの新設・開設に関与。行政主催の葬祭セミナーを年間80件近く全国で行うなど、精力的に活動している。葬儀・法要供養、相続に関する著書、監修書多数。

日本葬祭アカデミー教務研究室（https://www.jf-aa.jp/）

監修協力

水品靖芳（みずしな　やすよし）

税理士、行政書士、CFP®資格者。オリオン税理士法人代表。相続を専門として都内を中心に活動する。事業承継では店閉まいからM&Aまで多岐にわたりサポートしている。

オリオン税理士法人（https://www.orion-tax.jp/）

スタッフ

本文デザイン　**水川達哉**
イラスト　**ほんまにおいしい**
編集協力　**関根淳（SOLONGO企画）**

すぐにわかる
葬儀前の手続き、後の手続き

2021年 4月12日　初版発行

監修者　二村祐輔
発行者　鈴木伸也
発行所　株式会社大泉書店
住　所　〒101-0048
　　　　東京都千代田区神田司町2-9
　　　　セントラル千代田4F
電　話　03-5577-4290（代）
FAX　03-5577-4296
振　替　00140-7-1742
印刷・製本　株式会社光邦

URL　http://www.oizumishoten.co.jp
ISBN 978-4-278-03590-2　C0077